BROCANTEスタイルの庭づくり

庭と暮らせば

Making BROCANTE-Style gardens
live with a garden

松田行弘
yukihiro matsuda

はじめに

　お店や自宅、事務所とそれぞれに庭（自宅は庭と呼べないくらいのスペースかもしれませんが）があります。日向、日陰、ベランダと個々に条件が違い、どこも決して広くはありません。当然、周囲の環境も違います。その立地条件の中でできる範囲の庭づくりをしています。日々の忙しさにとらわれ、たいしたメンテナンスもできずにいるので、何とか維持はしていると言った方が良いかも知れません。それでもその場所に樹木がしっかりと根付き、年数が経ってきたことで植物たち自身の力で落ち着き、雰囲気がでてきています。

　とは言え、まだまだ完璧とは言えないので、目新しい株を手に入れては植えています。それが上手く根付いてくれるときもありますし、いつの間にか消えてしまっている事も多々あります。春まではきれいに咲いていたライラックが、急に枯れてしまって驚いたり。これまでずっと、そうしたことの繰り返しです。

でも、そんな過程も楽しいものなのです。枯れたことは残念ですが、新しい植物を植えるスペースができて、今度は何を植えようかなと選ぶときの楽しさ。新たに買ってきた樹木や野菜の苗がその場所で育った姿を想像するおもしろさ。花が咲いて実が生り、子供と一緒にその実を採って食べることができる喜び。

　限られたスペースと条件であっても、そんな豊かな時間を得ることができるのです。自分で庭づくりに挑戦しようという方も、プロに頼まれる方も、ちょっとした知識や考え方で庭との関わり方が上手く行くように。何も知識がない皆さんに本書を通じて、庭づくりから生まれる、豊かな暮らしへの入り口まで、案内することができればいいかなと思います。

　庭とともに心地いい暮らしが送れるように。

松田行弘

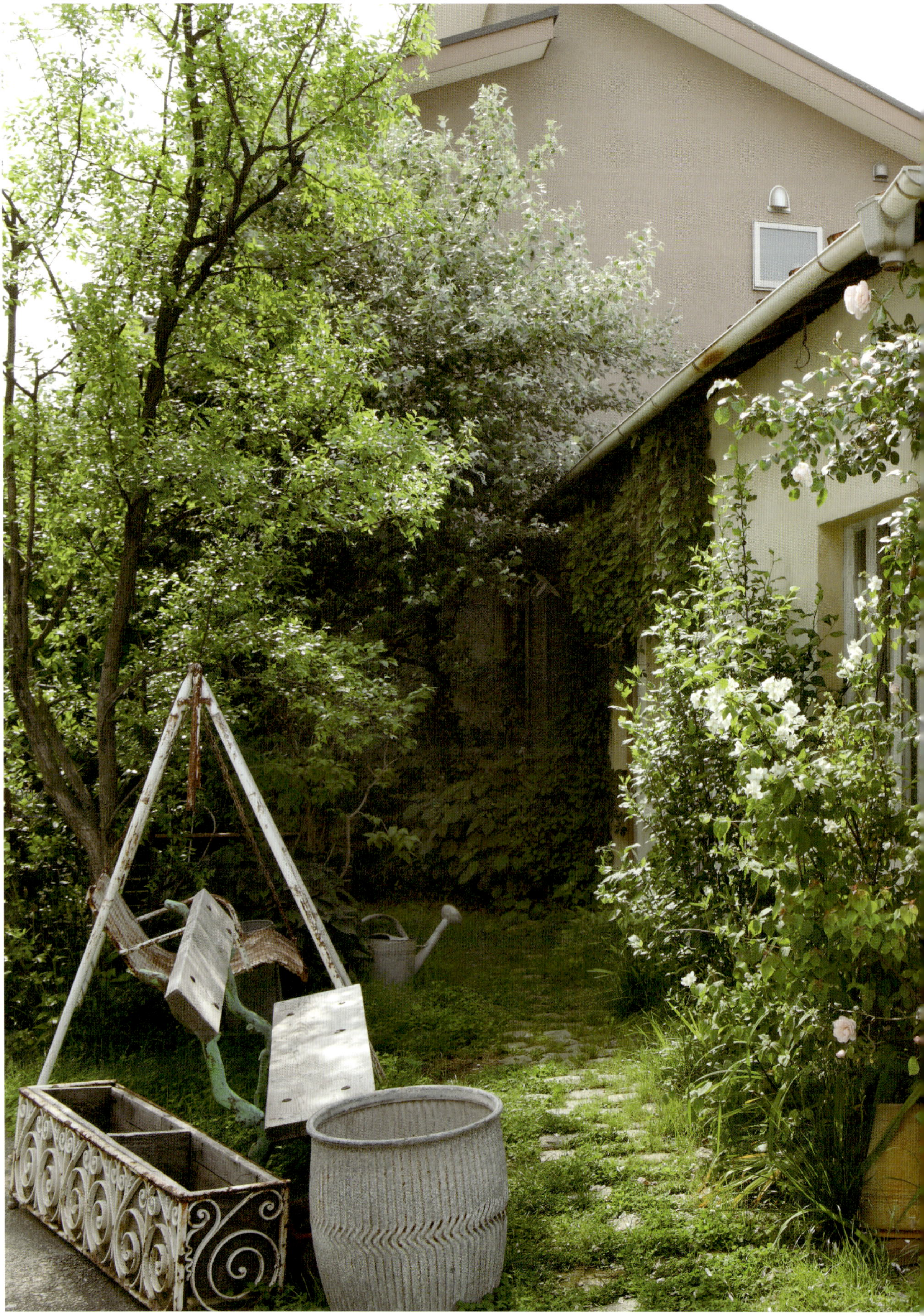

鬱蒼と茂る緑が美しい
アトリエ＆倉庫

5月下旬、ジェネラス・ガードナーが満開のBHS aroundの庭。2008年にスタッフとともにつくり上げた。日当たりが良いのが嬉しくて、さまざまな植物を植えた。今はバラとバイカウツギ、ルリヤナギが大きく育っている。

もくじ

009　第1章
暮らしが庭をつくる
植物とともに、庭と暮らす
Matsuda's method 1-10

010 庭と暮らすということ／012 家の庭のバランス／013「雰囲気のある庭」をつくるということ／014 悪条件との格闘／016 庭づくりに「仕事」は不要／017 構造物と植栽のコーディネート／018 手間いらずの庭づくりとは／020 日陰と日なたの関係性／021 無理をせず、必要最低限に／022 庭もインテリアのように

023　第2章
フランスの庭づくりと
日本の庭づくりの違い
French garden style A-D

024 夢を見ているようなフランスの庭々／028 庭と暮らすライフスタイル／030 庭づくりでのさまざまな違い／032 街の中に見る庭づくり

045　第3章
暮らしを満たすために
庭づくりでできること
Life style garden 1-9

101　第4章
植物の選び方と
成功する植栽術について
mini column 1-4

102 5つのカテゴリーで考える成功する植物セレクト／114 環境や要望の条件別に対応した植物選び／mini column 1-4

127　第5章
悪条件を悪条件としない
暮らしを広げる庭づくり
Succesfull garden style 1-5

153 第6章
何もないところから始まる庭づくりのストーリー
Making a garden 1-9

155 庭づくりの前に行うこと／156 現場の採寸を行い、外構工事／160 植栽について／167 備品などの設置をする／168 庭づくり、玄関周り、パーキングの完成／170 庭づくりに欠かせない、スタイルのある構造物カタログ／175 個性的に演出したいエクステリア・バリエーション／179 より楽しいガーデライフのために、取り入れたいアイテムや雑貨／180 雑貨使いが面白い、フランスの庭

181 第7章
より心地良くするために最低限の庭と植物のケア
Garden maintenance 1-6

182 植栽した樹木のメンテナンス／185 生き生きさせる芝生のメンテナンス術／186 多年草、宿根草、球根植物のメンテナンス／186 庭のメンテナンス・イヤーカレンダー／187 害虫と病気を知って美しい庭を育てる／190 美しい庭をつくる手助けとなる道具たち

本書の使い方

植物名：その植物の一般に流通している名称
学名：世界共通の植物の名称
植物解説としてそれぞれの植物の特性や特徴、育て方のアドバイスなどを記しています。

本書のデータは、関東地方の平野部を基準としています。東北地方、九州地方の場合は、気温や湿度の高低差を考慮して栽培管理の判断を行ってください。

特記事項

[植物名について]
本書では、植物名の表記ついて、カタカナ表記とし、学名、外国由来の種名、品種名などは、日本での慣用的な読み方としています。属名と種名の間に・を入れています。また、園芸品種名を"でくくっています。

[学名について]
品種名を"でくくっています。なお、cv. は園芸品種の略で、不明のものを示し、複数形は cvs. としています。sp. は不明の種を示し、複数形は spp. としています。

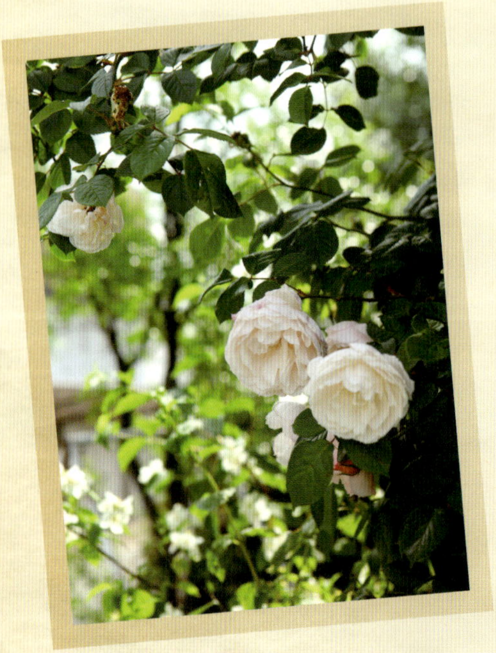

第 1 章

暮らしが庭をつくる
植物とともに、庭と暮らす

Your life makes your garden,
living together and nurture your original garden

良い庭とはどんなものだろう？ 良い庭をつくるには何が必要なのだろう？ 良い庭の定義は人によってさまざまですが、僕が考える良い庭は、生活に溶け込んだくつろげる空間であること。緑とともにある暮らしを楽しむための『BROCANTE』流のメソッドを紹介します。

Matsuda's method 1
庭と暮らすということ

フランスで見つけた、植物とともにある暮らし

　イギリスでガーデンデザインを学んだ僕は、帰国後、造園会社に入社し、広い庭付きの平屋で暮らし始めました。そして、イギリスで見てきたものを再現するべく、念願の庭づくりをスタート。完成した庭に友人を呼び、デッキで食事し、話す時間を楽しんだものでした。しかし、植物だけの庭を常に美しく保つのは大変で、次第に庭の管理に限界を感じるようになったのです。

　ちょうどその頃、南フランスを訪れる機会がありました。そこで見た庭は、イングリッシュガーデンとは趣が異なり、ラフで、自由で、街中の建築と植物が調和する風景がとても魅力的でした。建物間のわずかな隙間につる性植物を植え、壁面に絡ませて花を楽しむ。狭い裏庭に生えた果樹の枝にランタンやオブジェをぶら下げ、実りの季節には収穫して保存食を作る。ベランダや玄関脇に鉢植えを置き、道行く人の目を楽しませ、庭で咲いた花は切り花にしてテーブルに飾る——。テレビを見たり、食事をしたり、新聞を読んだりするのと同じように、植物が人々の生活に溶け込んでいたのです。

　そんなフランスの人々と植物との関係を、自分が提案する庭にも反映しようと思うようになりました。どんなに素敵な庭を作り上げても、日々の手入れが負担になっては、意味がありません。庭とは、植物があり、人の営みを感じることができる空間。たとえ、小さな駐車場脇でも、植物を植えたひと鉢と椅子が置いてあれば、立派な庭です。自分のライフスタイルに合わせた庭づくりと、庭のある生活を、楽しんでみませんか。

緑に囲まれた庭でくつろぐことの楽しさ
庭での過ごし方はさまざまだが、飲食ができるスペースがあれば、ゆっくりくつろいで過ごすことができる。この家のようにガーデンハウスがあれば、季節を気にせず、庭をより活用できる。

011

すっきりした白の背景は緑を引き立てる

すっきりしたデザインの壁は、庭づくりに最適。白い壁は反射光で明るく見えるため、囲われたスペースでも、実際よりも広く感じる。

matsuda's method 2

家の庭のバランス

生長した植物たちが、建物と庭に繋がりを作る

　基本的に、庭は独立した存在ではなく、建物に付随したものですので、建物のイメージに合わせる必要があります。中庭のようなスペースなら、構造物と室内の雰囲気や色合いを合わせることで、広がり感と統一感が演出できます。しかし、必ずしも家と庭を同じ雰囲気にしなければならないわけではありません。庭づくりの打ち合わせ中、施主からよく言われるのが、「家はあまり格好良くないけれど、庭は洋書のような空間にしたい」というもの。家と庭の雰囲気がかけ離れてしまうのでは？と思うかもしれませんが、それほど心配する必要はありません。植物と構造物のレイアウトのポイントさえ押さえれば、生長した植物が緩衝材となり、多少違ったスタイルであっても馴染んできます。

　さらに、つくり込んだ庭と生長した植物、建物が調和していくことによって、家全体がより良く見えてくるのです。

Matsuda's method 3

「雰囲気のある庭」をつくるということ

雰囲気のある庭は
背景づくりから始まる

　ひとつのコーナーをおしゃれにするには、お気に入りの雑貨をディスプレイするだけでも事足ります。しかし、雰囲気のある庭とは、そこに暮らす人のスタイルや空気感がその空間全体に感じられることではないかと思います。

　では、庭全体を雰囲気のあるようにするにはどうすれば良いのか？　もっとも大切なのは、ベースとなる構造物。構造物とは、壁や床、花壇、パーゴラ、ゲートなどのこと。その庭の条件に合わせて必要な構造物を設置した上で、植物をバランス良く取り入れると、庭全体に雰囲気が出てきます。構造物の中でも、背景づくりは重要なポイント。庭の背景が素敵な建物や林であれば良いですが、現実はそうでない場合がほとんど。必ずしも庭全体を覆い隠す必要はありませんが、よく目につく部分やくつろぐスペースを中心に背景を隠すことで、外部と庭を遮断することができます。

**美しい木々の緑を
借景として生かす**

隣家の生活空間や道路などが丸見えになる場合は、フェンスや壁で背景を遮断する。この庭の背景は、一見森のようだが、実は造園業者のゴミ捨て場。高めの壁をつくり、樹木の緑だけを借景として生かしている。

Matsuda's method 4

悪条件との格闘

自分の庭の環境を知り、理想とのギャップを埋める

「悪条件」とは、理想とする庭のイメージと現状との間にギャップがあること。そのギャップを埋める方法を考えれば、悪条件の環境でも、庭をつくることは可能です。まずは自分の庭の現状をよく確かめましょう。そして現状とは切り離し、自分がつくりたい庭をイメージします。例えば、理想はハーブや花が咲き乱れている明るいイメージだが、実際は隣地が接近し、日当たりが悪い場合。これは以下の4つの方法で改善できます。
1. フェンスや壁など、空間を明るくする構造物を取り入れる。また、既存の構造物を明るい色合いに塗装する。
2. 耐陰性の強い草花を選ぶ。
3. 使用するグリーンに変化をつけ、葉物を花のように見せる組み合わせを考える。
4. 鉢で管理し、定期的に置き場所を交換しながら日照時間を調整する。または、少しでも明るい部分を見つけ、一部に花苗を入れる。

さらに、同じ庭の中でも、日が当たる場所とそうでない場所があるので、レイアウトを決める時に考慮します。例えば、庭の向きが南で、隣地が建物に囲まれている場合、建物際の方が日当たりの良いケースが多いため、植栽エリアを建物際にするのも一案。

地面に近いところは、日陰でも、目線の高さでは日が当たるようであれば、フェンスやパーゴラを作り、つる性植物を誘引する方法もあります。とは言うものの、植物が育ちやすい環境はやはり決まっているので、環境に合わせ、つくる庭の方向性を変えることも必要になってきます。

条件に合う植物を選び緑のボリュームを出す

北側の庭では、日当たりが悪い環境を好む植物をベースに植えてボリューム感を出す。ポイントや彩りとして花物や鉢植えを加えると、この庭のように成功する。

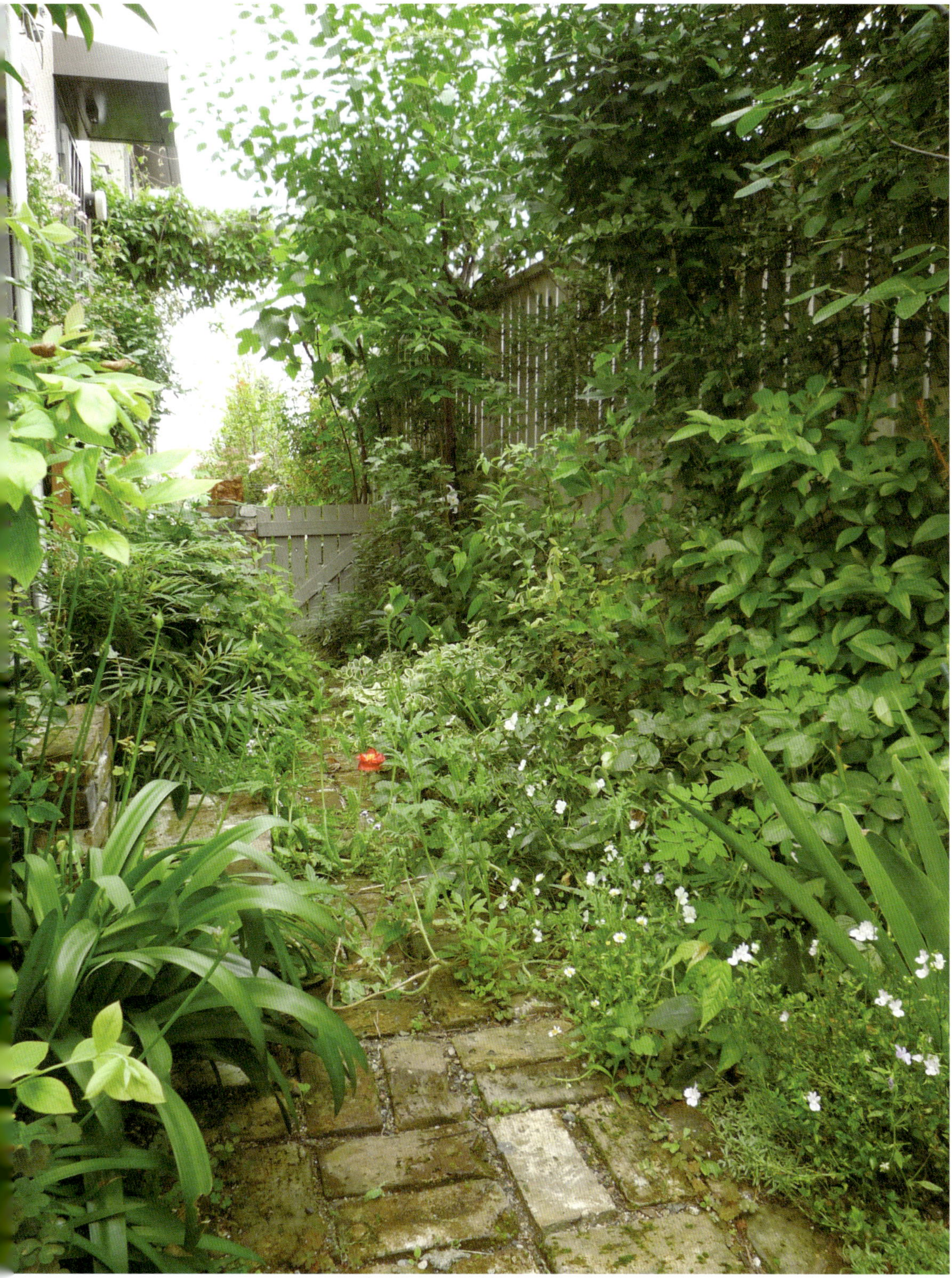

matsuda's method 5

庭づくりに「仕事」は不要

生活スタイルに合わせた植物選び
限られたスペースでも、植物を立体的に構成すれば、植物の量は増やすことができる。ただし、住む人が管理できる量に合わせた、植栽計画が必要。

見た目だけでなく、使い勝手の良い空間に

　何ごとも、楽しんでできないことは「仕事」になってしまいます。庭の手入れや植物の世話を「仕事」にしないようにするには、使いやすい空間であることが重要。僕が庭のデザインをする際は、動線の確保と施設物の使い勝手を考えます。例えば、庭に出るためのルートが煩雑、水栓が遠くて水やりがしにくい、といった問題があると、庭に出るのが億劫になってしまいます。

　そして、もうひとつ重要なことは、庭をつくる前に、どうしたら庭と関わるようになるかをイメージすること。家族構成や年代、趣味、働き方などライフスタイルを踏まえ、どんな空間にしたいかを検討します。子供が遊べる芝生の庭にしたい、ティータイムが楽しめるデッキがほしい、家庭菜園をつくりたい……など、イメージした理想の庭が、実際の空間で実現できるか、実現させるには何が必要なのかを考える作業が必要です。

Matsuda's method 6
構造物と植栽のコーディネート

ボリュームある構造物の足元には必ずグリーンを
フェンスの代わりに、物置やガーデンハウスで背景を隠す場合、足元に植栽スペースを設けることで、唐突感がなくなり、庭と一体になる。

庭の雰囲気づくりだけでない、構造物の役割

柵や床などの構造物は、庭の雰囲気づくりを決定する大きな要素ですが、役割はそれだけではありません。狭い、暗い、風通しが悪い、西日が当たるなど、立地条件が悪くなればなるほど、植物だけで庭を構成することは難しくなります。そこで構造物をうまく利用して、条件をクリアさせていきます。風通しが悪ければ、植物の数を減らして群れを防ぐ。暗い場合はフェンスや壁、床を白く塗り、明るい雰囲気にする。狭い場合は、生垣の代わりにフェンスを設置し、つる性植物で緑のボリューム感を出す……といったことが考えられます。また、庭全体をフェンスで囲むと圧迫感が出る場合は、一部を生垣にし、構造物と植物に同じ機能を持たせ、スペースを有効に利用。植物を庭の構成要素のひとつとして構造物に置き換えてみたり、またその逆を考えたりすると、良いアイデアが浮かびます。

Matsuda's method 7
手間入らずの庭づくりとは

まずは庭の植物を眺めるだけでOK!

　基本的に、植物は生長する「生き物」ですので、手間がまったくかからないということはあり得ません。人間と同様、水や栄養を必要としますし、大きくなりすぎたら剪定も必要です。ただし、植物の種類を選ぶこと、植え込みスペースを限定すること、高木の本数を少なくすることで、メンテナンスは極端に楽になります。また、植える前にバランスの良い肥沃な土壌にすることで、病虫害の発生を抑えることもできます。

　日々の暮らしの中で、庭と人の間に関わりがあると、植物の変化を感じ取ることができ、生活にも余裕が生まれるのではないでしょうか。花に水やりもできないくらいの生活は、人にとっても良くないような気がします。「忙しくて午前中に水やりができない」ということなら、寒い時期でなければ、夕方でも夜でも良いのです。水やりは、規則正しい人間の食事と同じ。お腹が空いたらご飯を食べる、土が乾いたら水を与える。同じ時間帯に与えることが植物にとっても良いのです。

　植物は手をかけた分だけ、応えてくれます。だからといって毎日徹底的にケアをする必要はなく、ただ見るだけでも構いません。毎日見ていると、もうすぐ花が咲きそうだ、ちょっと元気がなさそうだ……など、小さな変化が見えてくるはずです。小さな変化を感じ取ることができれば、水の不足や病気、害虫など、早めに気付くことができ、被害が最少限で食い止められます。観察することは、植物を元気に育てる第一歩なのです。

**ベランダで
ガーデンライフを満喫**
コンテナを中心としたベランダやアプローチの庭は、水遣りに特に注意が必要。小さい鉢を多くするより、大きめの鉢を少数に抑えた方が、管理も楽で庭の雰囲気が味わえる。

019

Matsuda's method 8
日陰と日向の関係性

日陰だからといって、
庭づくりを諦めないで！

　日陰の植物といえば、ハランやヤツデなど、地味なイメージが否めません。しかし、日陰の植物も演出次第で美しく見せられます。パリの公園では、ヤツデやアオキがグルーピングされて良く使われますし、イギリスではニューサイランやギボウシなどとともに、立体的に配置されていました。

　また、北向きだから暗い、南だから明るいとも限りません。建物との距離などによって環境は異なります。ジメジメしているか乾燥しているか、風通しの善し悪しにより、適する植物は異なります。基本的に、環境に合う植物を植えた方が後の生育が良いため、植物を購入する際は、ラベルに書かれている育て方や環境の記述を参考に選ぶと良いでしょう。風当たり、日当たりが強い環境、軒下のような乾いた環境は、保肥力や保水力が増す腐葉土や堆肥、黒土などを加えて土壌を改良し、生育向上を図ります。

**日照条件を理解し
適材適所の植栽を**
常に日が当たる屋上のような条件では、芝やバラが旺盛に、木漏れ日が差し込む半日陰では、シダやギボウシなど、林床（りんしょう）を好む植物が生き生きとする。

Matsuda's method 9
無理をせず、必要最低限に

つくるときは引き算で、管理は寛容な心で

　せっかくの庭づくりですから、理想の空間に仕上げたいもの。しかし、立地条件によっては、その希望のすべてが叶えられるわけではありません。庭の形状、デザイン、植物選び、管理の仕方など、すべてにおいて、無理をしないこと、頑張りすぎないことが大切です。狭いスペースにデッキや芝、大木を……と欲張って、あれこれと詰め込みすぎたり、まったく環境に合っていないものを見た目だけで植えたりしても、植物は健康に育ちません。

　また、病気や虫、雑草に対して過度に反応するのも、ストレスになるばかり。病気や虫は気をつけていても、多少は付くものです。病気を避けるために、常に薬剤をまき続けるのも、楽しい作業ではありません。庭を心から楽しめる空間にするには、庭づくりのときは引き算で考え、維持していくことに寛容な心で臨みたいものです。

花壇の中で樹木を大きく育てる
最低限のメンテナンスで維持している、『BHS around』の庭。花壇の中でも、植物を大きく育てることができる。写真では、壁際のわずかな土の部分に植えた樹木が大きくなり、鬱蒼とするまでに生長している。

Matsuda's method 10

庭もインテリアのように

**家具や雑貨を取り入れた
ワンランク上の庭づくり**

構造物や植栽が完成しても、すぐに雰囲気が出ないのは当たり前。しかし、小物使いで写真のようなカフェテイストの雰囲気にも。鉢台としても使用できる椅子やテーブルは、人が庭とともに暮らす日常に必要不可欠な存在。

生長する植物と小物でイメージを変化させて

庭と室内の違いは、庭は植物の生長によって、風景が変化すること。植栽をする際は、生長した姿を想像して植える必要があります。生長による変化は楽しみでもあり、空間づくりの難しいところでもあります。床や壁などの構造物は色合いや素材が多種多様ですので、耐久性に注意しながら、インテリア感覚で選びましょう。

構造物と植物ができ上がったら、家具や雑貨、置物を配置してみてください。それらは実用品としてだけでなく、庭のフォーカルポイントとして、空間に動きや変化をつけてくれます。特に、つくりたての庭は植物が小さいために構造物が目立ち、固い印象になりがちですが、小物を配置すると、ぐっとやわらかい印象に変えることができます。数年経ったら、構造物を別の色に塗装して、印象の変化を楽しむこともおすすめです。

第 2 章

フランスの庭づくりと
日本の庭づくりの違い

Difference between the making gardens
in France and in Japan.

フランス人にとっての庭は、飲んで、食べて、遊んで、楽しむための生活空間のひとつ。ちょっと雑然としているけれど、肩の力の抜けた自由な雰囲気は、居心地が良く心惹かれるものがありました。そんな彼らの暮らしには、ガーデンライフを楽しむためのヒントがたくさんありそうです。

French garden style A

夢を見ているようなフランスの庭々

建物と植物が共存する、自然で自由な空間

　庭づくりをする傍ら、ブロカント（古道具）の買い付けのため、フランスに通うようになって10年が経ちます。トラックで1日何百キロも走り回り、家具や雑貨を買い集めます。パリやリヨンのような都市部も田舎の小さな村々も、歴史ある街並みが多く、建物と緑が調和している風景を見かけると、自然と目が向き、カメラのシャッターを押しています。街路樹や庭はもちろん、建物の隙間や空き地、畑や駐車場周り、ベランダや窓辺など、建築と植物とが適度なバランスで共存する光景に心惹かれます。

　イギリスの庭づくりはセオリーが重視され、趣味を越え、ひとつの文化として成り立っています。フランスにもフランス式庭園がありますが、これは宮殿の庭づくりで、一般的ではありません。イングリッシュガーデンのような決まったスタイルはなく、人々はあくまで我流で庭づくりを楽しんでいます。

　歴史を感じさせる建物につる性植物が絡み、家具や雑貨が無造作に置かれた、素朴さを感じる庭。決してびしっとつくり込まれているわけではなく、整然としているわけでもありません。だからこそ無理がなく、落ち着きが感じられます。植物と建築とアイテムとが絶妙なバランスで配置され、暮らしの中に溶け込んでいる。僕にとって、それこそがフランスの庭の魅力に他なりません。

1. リヨン近郊、街道沿いの牧草地。 2. プロバンス地方特有の石灰岩の石積み壁。 3. 良く手入れされた、公営のクラインガルデン。 4. ツルバラが植えられた畑につながる勝手口。 5. 駐車場から母屋への高低差のあるアプローチ。 6. 乾燥した気候を好むラベンダー。伸び伸びと生長した姿が美しい。 7. 樹木も草花も伸び放題の庭に、バラの花が咲いていた。雑然としながらも、秘密の花園のような風情。 8. 大きなクルミの木の下のウッドテラス。

025

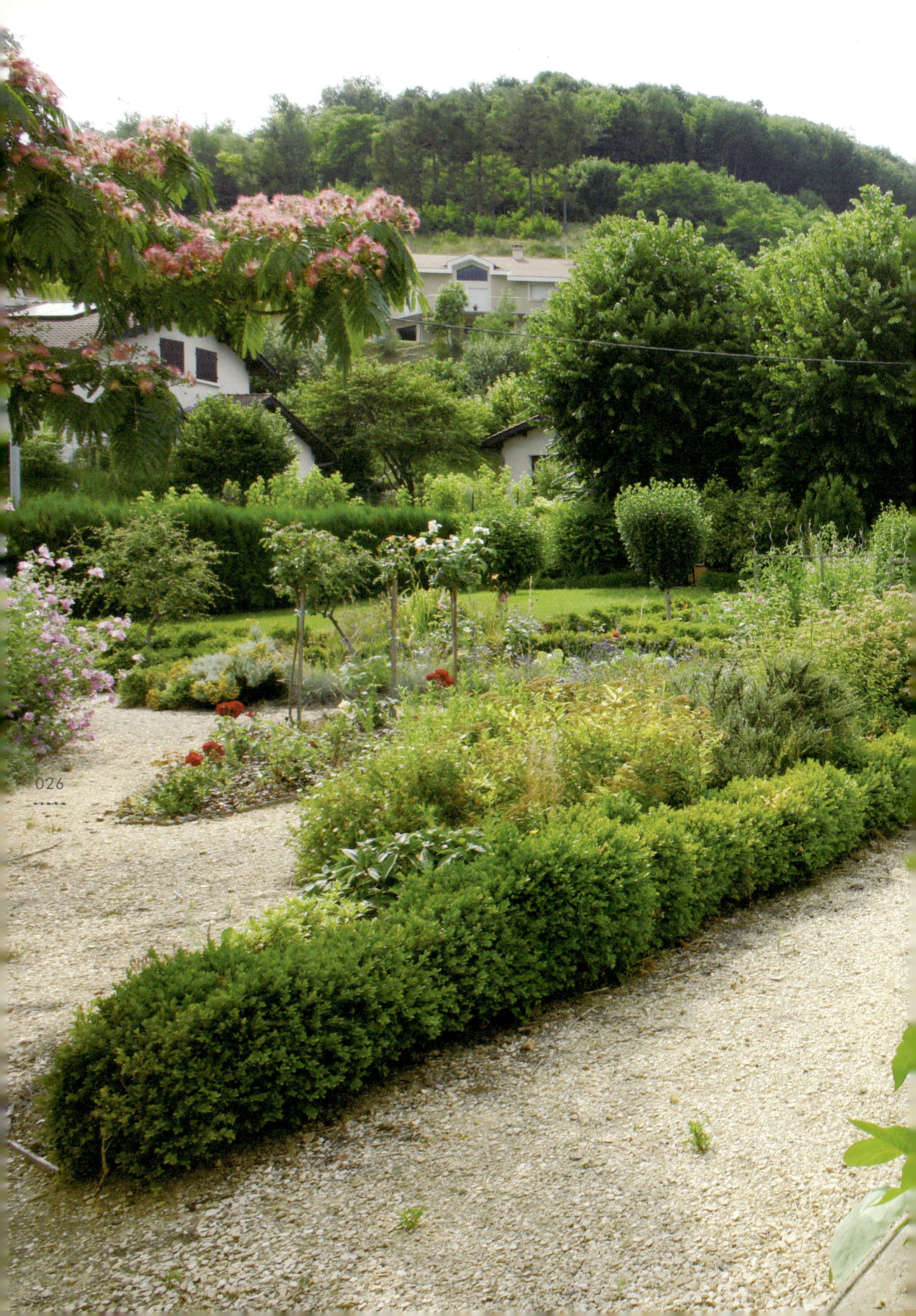

027

1 2
3 4

French garden style B

庭と暮らすライフスタイル

暮らしに溶け込む、生活空間としての庭

フランスを訪れる度に、友人やディーラー仲間の家にお邪魔するのですが、どこの家にも大なり小なり庭があり、生活スタイルに合わせた使い方、レイアウト、植栽やコーディネートが見られます。どの庭も特別にデザインされたものではなく、生活している人たちが少しずつ、つくり変えていったものです。

アビニヨンに住むミシェルの家では、庭に子ども用のガーデンハウスがあります。側には、イチジクやクルミの大木が木陰をつくるように植えられ、子どもたちはその木に登って実を食べ、ガーデンハウスの周りを走り回って遊んでいました。

植物好きのローランの家では、たくさんの多肉食物の鉢植えをブロカントと組み合わせ、狭い玄関のアプローチにセンス良くディスプレイしていました。また、リヨンの山奥に住むイヴァンの家には、ブドウで覆われたパーゴラ付のテラスがあり、脇には「ペタンク」と言う、フランスで親しまれている遊びができる広い駐車場を兼ねた庭がありました。サマータイムの時期は、そこで毎週末仲間と集い、楽しんでいると語っていました。

庭の使い方は人それぞれですが、共通するのは、庭が日常的に使われている空間だということ。衣食住、中でも食事やその前後の語らいの時間を、とても大事にし、楽しむ彼らにとって、庭は生活に欠かせないスペースなのです。

1. モンテリマー近くの民宿の庭。 2. 素朴な砂利の通路やメッシュフェンスも可愛らしく見える。 3. バショウやアロエも鉢植えで育てられている。 4. 簡素なガーデンハウス。ここにも椅子とテーブルが。 5. 長期滞在した時に利用したゲストハウスの庭。 6. バードフィーダーやポンプなどのアイテムが庭のポイントに。

French garden style C

庭づくりでのさまざまな違い

reference 1
植物の選び方

庭の主役は、草花よりもグリーン

　日本のガーデンセンターで扱われる植物は、ひと昔前とは比べものにならないくらい種類が増えているので、フランスも日本も手に入る植物にあまり違いはありません。むしろ珍しい品種、種類の多さは日本の方があるのかもしれません。

　しかし、あるナーサリーで、地中海性気候で育ちやすい樹木類、特に樹齢100年を超すようなオリーブや、2階建ての高さまで生長したイトスギが、1m以上の大きなポットに植えられ、日本より一桁安い値段で売られているのには驚きました。花物よりもベースのグリーンを主役と考えるフランスでは、丸や円錐形、スタンダード仕立てになったトピアリーが多いのが特徴です。また、ツゲやゲッケイジュ、竹やヤシ、ツタ類などの常緑樹は、パリやリヨンの都市部でも人気です。

1. 7月の強い日差しを受けて伸びるエキナセア。 2. これから色が変わり始める西洋アジサイ。 3. 日本では高速道路脇などに植えられるキョウチクトウも素敵に。

reference 2
植栽コーディネートの違い

1. 建物と同じ石灰岩で積み上げられた門柱。 2. 風が吹くと遠くからでも香ったカレープランツ。その香りと黄色い花が印象的だった。

植物を健やかに生長させる植栽を

　モンテリマーに住む友人宅を訪れたときのこと。庭の中央にバラが植えられ、花を咲かせていました。彼に「どうしてこんなところにバラを植えたの？　壁際の方が、見た目のバランスがいいんじゃない？」と聞くと、「バラは日光が好きだから、いちばん日当たりがいいところに植えた」「じゃあこのアーモンドは？」「ここは水はけがいいから」と、ごく当たり前でシンプルな答えが返ってきました。

力の抜けたフランス人の庭づくりを見るうちに、植物の組み合わせはそれほど重要ではなく、植物が生き生きと育つよう、適した場所に植えた方が、良い庭になるのではないかと思うようになりました。

　街を歩いていると、長い間、その場所で生育している植物を見かけます。その姿は落ち着きがあり、魅力的に見えるものなのです。

French garden style D

街の中に見る庭づくり

reference 1
建物と庭のつながり

壁面を植物の緑で、美しく彩って

パリのような都会では、壁面につる性植物を這わせることで、緑のある空間づくりをしています。日本の都市部の住宅事情で庭づくりを考える場合、もっとも参考にしたいのが、この壁面利用の仕方です。背景になる建物に歴史があり、壁面にも落ち着いた味があるフランスと違い、スクラップビルドを繰り返す日本では同じ雰囲気を出すのは難しいもの。しかし、新たに壁をつくったり、壁を隠したり、つるを絡ませたり、物を置いたり取り付けたり。ちょっとしたアイデアで雰囲気は良くなります。日本は木造建築が主流ですので、ツタのように、直接壁面に付着根が出る植物を植えることは難しいですが、自身では根の出ない、クレマチスやバラなどを誘引するための資材を取り付ければ、壁面を緑で彩ることは十分可能。壁面に限らず、軒やパーゴラ、キャノピーを利用するのも良い方法です。

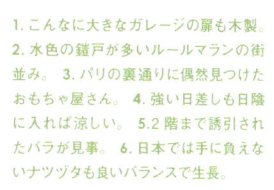

1. こんなに大きなガレージの扉も木製。 2. 水色の鎧戸が多いルールマランの街並み。 3. パリの裏通りに偶然見つけたおもちゃ屋さん。 4. 強い日差しも日陰に入れば涼しい。 5. 2階まで誘引されたバラが見事。 6. 日本では手に負えないナツヅタも良いバランスで生長。

reference 2
通路も庭である

小さなスペースも、緑があれば寛ぎの場所に

高い建物に挟まれた細い路地や、駐車場に続くアプローチなども、生活に使われているスペースであれば、庭と言っても良いのではないでしょうか。フランスの街を散歩していると、日本の「外構」のような、単に通路としての機能しか持たない場所であっても、植物の鉢や椅子が置かれています。そんな小さな空間でも人々が和み、話し、植物を愛でることができる「庭」になりうることを学ばせてくれます。

地植えができるスペースが少ないパリでは、必然的に鉢植えで植物を楽しむことが多くなります。大きな通りには緑がなくとも、ちょっと脇道に入ると、植物の鉢が置かれていたり、建物にヘデラが這わせてあったり。さらにプライベートな空間になると、どんどん植物が増えていきます。

1. パリの路地裏。植物も歴史を感じさせる。
2. 日本ではコンクリートで舗装してしまいがちな駐車場のアプローチも、自然な雰囲気に。
3. 店や事務所が並ぶ日当たりの悪い路地に、常緑の鉢植えが並ぶ。

1. 壁面にプランター置きが不規則に取り付けられている。 2.サンレミドプロバンスのカフェのパーゴラ。 3.200年以上の建物と共生しているかのようなツタ。

reference 3
壁面を植物で飾る

建物とともに生長し、深みを増すつる性植物

建築物は古い物が残され、大事に保たれてきていますが、街の公道は石畳も少なくなり、アスファルト舗装が主流になっています。しかし、その舗装部分と建物のわずかな隙間に、いつ誰が植えたかもわからないほど太くなったつる性植物が建物を覆うように大きく育ち、街に彩りを与えています。ナツヅタやフジ、ヘデラが多く、プライベートなエリアではツルバラやブドウ、ツルアジサイも利用されています。

そうしたスタイルを真似てお勧めしたいのが、テイカカズラとハゴロモジャスミンです。パリのお店のパーゴラにも利用されているのを見かけました。どちらも虫や病気が付かず、生育旺盛。土壌を選ばず、日当たりから日陰まで順応でき、しかも芳香のある花を付ける常緑樹です。

reference 4
小さくても花壇をつくる、生かす

樹木や多年草に一年草の花をプラス

　日本で花壇というと、赤や黄色の一年草だけで構成されることが多いのですが、一年草のみでは日本の建築と同じように、味や趣が一向に出てきません。フランスでは、どんなに小さなスペースでも、まずは長期間生育する多年草や樹木を選び、ベースをつくります。1年生の花物は、季節に応じてベースの植物の周りに植えたり、鉢植えにして花壇のそばに置いたりして楽しみます。花は彩りとしてプラスするもの、という感覚なのかもしれません。

　花壇も庭と同様、雑然としているケースが多いのですが、それが自然でとても良い雰囲気です。自分で石を集めて花壇にしたり、その辺で見つけた雑貨が置いてあったり。ちょっと不格好でも絵になるところが、たまらなく魅力的です。

1. ハート形のオブジェが花壇全体をキュートに演出。 2. ペールブルーの鎧戸と、リュウゼツランの灰緑がマッチ。 3. エキナセアとコスモスの混植。

reference 5
テラスの庭にはテーブルを

1. バーベキューコンロがある友人宅の庭。 2. 庭で使うにはためらってしまうような立派なテーブル。 3. 石の壁泉、アンドゥーズ地方の鉢とセンスのいいランタンが表情をつくる、シャビーな印象のテラス。

テラスやデッキを第2のリビングルームに

フランスでは、庭も居住スペースのひとつです。椅子やテーブルがない家がないのと同じで、庭にも当たり前のように椅子とテーブルが置かれています。夏は夜10時くらいまで明るいため、必然的に外で過ごす時間が長くなり、庭で食事を取ることもしばしば。1年のうち、4〜6ヶ月は庭でお茶や食事が楽しめます。ただ日本はフランスと気候が異なり、庭で快適に過ごせる時期が短いのが難点。でも、もしテーブルと椅子があれば、庭で過ごす時間は多くなるのではないでしょうか。僕は庭をデザインする際、必ず人が過ごせる憩いのスペースをつくります。テーブルひとつあれば、見た目も使い勝手もより良くなります。テラスやデッキがあっても、そこに何もなければ、機能は半減してしまうのです。

reference 6
見習うべきは門づくり

経年変化を楽しめる素材で、重厚感を出す

　地方になると、防犯上高い外壁や生垣に囲まれた一軒家が多く、必ず門が取り付けられています。石やブロックで作られたシンメトリーの門柱に、鉄製か木製のゲートが付いているのがもっともポピュラーなスタイルです。日本でよく使われている、経年変化の少ないアルミ製やロートアイアンは非常に少なく、鉄製の門扉には定番の形があり、何度も塗り重ねられた塗料の風合いが重厚感を生み出しています。門柱の上にはデコラティブなカップや置物が対で載っていることもしばしば。また、アーチ状につる性の植物を誘引しているのもよく見かけます。

　表札やポストは機能を満たせば良いという感覚のようで、こだわることはまったくありません。日本人との国民性の違いは、門周りひとつを見ても分かります。

1. 比較的珍しい、ややモダンなデザインの門扉。 2. シンメトリーに並んだ鎧戸。 3. もっともよく見かけるデザインの門づくり。 4. 植物好きのお宅で見かけた、カントリー調のウッドゲート。 5. 開口部の幅に対し、とても高さのある門柱。 6. ニースで見かけた、ブーゲンビリアが誘引された門扉。

039

reference 7
玄関も庭のひとつ

高低差があれば、狭いポーチも庭らしく

　日本で言う長屋、もしくはアパートのようなつくりの街中の家には、門はありません。玄関も通りに面していて、スペースにもかなり制限があります。その中で僕が好きなのは、道路から平行にステップを数段上がったところに玄関があるつくりです。ステップに鉢が並べられていたり、道路との段差に植物が生えていたりすると、狭いスペースであってもプライベート感が出て、庭のように感じることができます。また、鉄製のシンプルな手すりがあれば、ゲートはなくとも敷地のラインがはっきりします。また、ドアと外壁の色遣いも見習いたいポイント。白系の外壁にパステルカラーのドアなら明るく爽やかな印象に、反対にグレイトーンのドアなら、より大人っぽいファサードにすることができます。

1. 白いアールのドアが緑を引き立て、清潔感と温かみを与えている。　2. やや歪んだ階段とヘデラのボリュームで、塀の高さを和らげている。　3. バルザックの街の中で見かけた一軒家。　4. 僕が好きな玄関のつくりのひとつ。

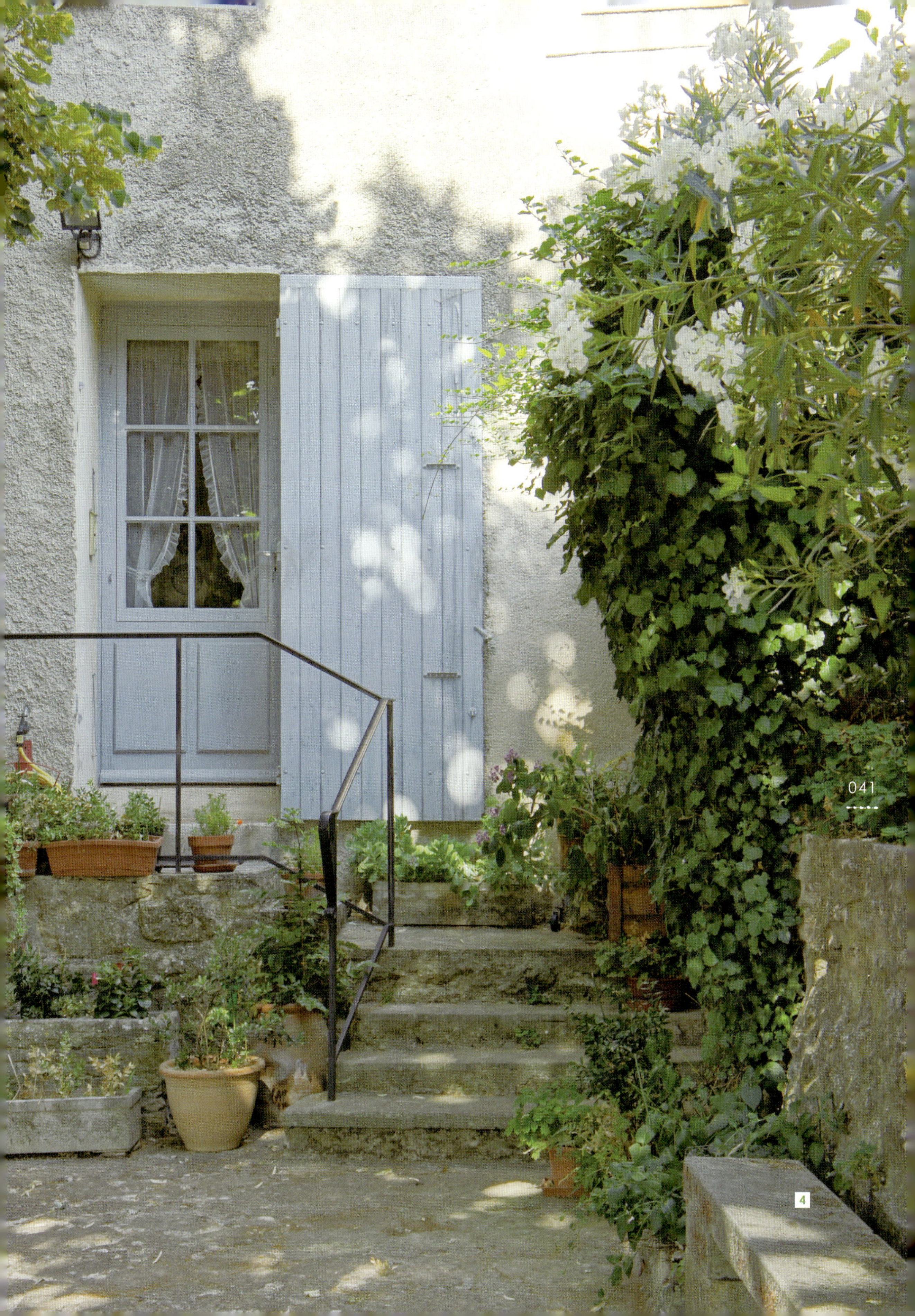
4

reference 8
コンテナで庭を意識する

寄せ植えよりも単植の寄せ鉢で楽しむ

フランスでも都会に暮らしている人たちにとって、地植えができる庭付きの家は、なかなか手が届きません。それでも植物を楽しもうと、コンテナを活用して育てています。コンテナ使いの違いも特徴的で、日本では人気の高い寄せ植えを楽しむことはあまりありません。大きな鉢にすっきりと常緑のツゲやローリエ、レモンや竹などを植え、シンメトリーにディスプレイしたり、花物の場合も、大きな鉢にどかっとゼラニウムやペチュニアを単植したり。逆に、たくさんの鉢を雑然と寄せ集めて並べることも多いようです。

コンテナでも庭のつくりと同様、基本的に「好きな物を適当に並べて楽しむ」という考え方があります。植物以外の看板や置物、オブジェを組み合わせ、ディスプレイを楽しみます。

1. 鉢の種類も大きさも置き方もまちまち。 2. ツゲのトピアリーが目隠し用に並べられている。 3. アンティークのカップにキャンドルを合わせて。

1. 大きな鉢に植えられた満開のフジがベランダを覆う。 2. フェンスの手すりにプランターを並べ、スペースを有効に利用。 3. 街路樹を借景に、常緑樹を目隠しに使ったバルコニーガーデン

reference 9
ベランダで庭を楽しむ

常緑樹とガーデンファニチャーで、ベランダルームに

フランスでは、日本のように外に洗濯物を干す習慣がないため、ベランダやバルコニーが有効に使われているようです。やはり常緑樹を中心にし、間に花物が飾られるスタイルが定番で、落ち着いた印象があります。ニースの友人宅のマンションでは、ヤシやレモン、ゼラニウムの鉢植えにラタンのソファとローテーブルが。パリの知人のアパルトマンではバンブーの鉢とベンチが置いてあっただけでしたが、鉛色のパリの街の屋根を見下ろすロケーションのため、むしろすっきりと使いやすそうな印象でした。パリでは、道路からも見上げてわかるほど植物で覆われたベランダや、ガーデンファニチャーや鉢が並んでいるベランダもよく見かけます。都会のベランダでも、やはり植物と家具はマストアイテムになっています。

reference 10
窓際もコンテナガーデン

小さな窓辺であっても、植物との暮らしを楽しむ

　奥行きわずか20cmの窓辺スペースでも、アイデア次第で植物を楽しめることを証明する好例です。石やコンクリートづくりの建物は壁の厚みがあり、窓もフランスではすべて内開きのため、壁の厚み分のスペースにプランターを設置し、部屋の中からはもちろん、道行く人たちの目も楽しませてくれます。

　日本の場合、個人の住宅ではプランター置きを外壁に取り付けることで鉢を固定できますが、マンションの場合は、外壁は共有部分なので、分譲であっても取り付けることは難しいのが現状です。一軒家であれば、庭向きの2階の窓辺の日照条件は、1階の庭よりも良くなるはずです。定番ですが、ヘデラと一年草の組み合わせや、ハーブや野菜の苗を植えたキッチンガーデンを楽しむのも良いでしょう。

1. グリーンの量とゼラニウムの赤のバランスが絶妙。 2. 好きな鉢をとりあえず置いてみるだけでも良い。 3. 窓が額のようになり、ペチュニアが映える。 4. 喝采したいほど見事な、空中ガーデン。

第3章

暮らしを満たすために庭づくりでできること

What we can do by doing GARDENING
to have good quality of life.

庭との暮らしを始めると、自分の生活の幅が少しずつ広がっていることに気付くはずです。開花や収穫を家族とともに喜び、庭で食べ、飲み、過ごす時間を楽しむ。庭ができることでやらなければいけないことも増えますが、喜びはもっと増えていくのです。

life style garden 1
笑顔溢れるリビングガーデン
暮らしに溶け込む庭づくり

日当たり、水はけが良く、適度な風通しもある庭は、植物を生育させるには抜群の環境です。明るいヨーロッパ調の建物に合わせ、白と茶で統一した、シンプルで温かみのある庭に仕上げました。

ナチュラルに仕上げた
第2のリビングルーム

　ダイニングルームから直結したメインの庭、小さなアウトドアルーム、来客用も備えた駐車場など、多くの要素がある庭です。敷地は南向きで好条件が揃っていますが、難点といえば、道路から敷地が丸見えになってしまうことでした。しかしそれは、木製フェンスを巡らせることでクリア。メインの庭には日除けのパーゴラをつくり、L字型の石積みのベンチを設置しました。ベンチの天板は床材と同質のものを使い、統一感を出しています。園芸用具がたっぷり収納できる物置は、フランスの田舎町の建物を思わせる外観が印象的。実用面だけでなく、フォーカルポイントとしても一役買っています。

　そして、東側は隣家の土地が高く、目隠しは高めにする必要がありました。柵で覆うと圧迫感が出てしまいますが、樹高のあるレイランディーで生垣をつくることで、自然な雰囲気を演出。ヒノキの濃い葉色が、手前に植えたアジサイやブルーベリーの葉色を引き立たせる効果もあります。

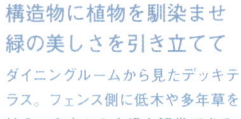

構造物に植物を馴染ませ緑の美しさを引き立てて
ダイニングルームから見たデッキテラス。フェンス側に低木や多年草を植え、室内からも緑を観賞できる。物置は敷地の外にある電柱を隠す目的もあり、やや大きめに。壁面や屋根にクレマチスを絡ませている。

rough sketch

シンプルな温かさがテーマ。木製のフェンスや乱形の石材で硬い印象を和らげた。

data
所在地：神奈川県
敷地面積：約200㎡
庭施工面積：約60㎡
工期：延べ45日
構造物：壁、フェンス、門扉、手すり、駐車場、アプローチ、テラス、花壇、ステップ、デッキ、パーゴラ、物置、水場
使用素材：砂利、石、レッドシダー材、イペ材、樹脂系左官材、芝生、コンクリート、ロートアイアン

アウトドアリビングで優雅なティータイム

施主が開催する、紅茶教室の会場としても使われているデッキテラス。晴れた日はパーゴラに手づくりのシェードをかけて、日差しをコントロールする。

生き生きと茂る緑が
訪れる人の心を和ませる

駐車場から階段を上がると、目に入るのがこの光景。優しい印象のバラやハーブが訪れる人の目を楽しませてくれる。アイアンのパーツやランタンなど、小物の使い方が絶妙。

植物の生命感で
人工素材の印象を和らげて

コンクリート製の基礎とウッドフェンスの間にローズマリーやコンボルブルス、ヘンリーヅタを植え込み、構造物の硬い印象を和らげる。階段の手すりは鍛冶屋さんにオーダーした。鉄の素材感を強調するシンプルなデザインが魅力。

Life style garden 1

グリーンで囲まれた
もうひとつの部屋

　リビングルームに続く奥まった部分はデッキスペースにし、小さなアウトドアルームをつくりました。この場所は、向かいの家が見渡せる位置にあるため、目隠しの壁を設置することにしました。アウトドアルームと庭のレベルは40cmの差があり、必要な壁の高さは210cmにもなります。そのため、ベンチと一体型の花壇を設置し、花壇に植える植物を目隠しとして利用することで、圧迫感を出すことなく、壁としての機能も確保することができました。このような場合は、強健で管理が楽な常緑植物を使うのがおすすめです。ここでは生長が旺盛で、こんもりと茂るローズマリーを選びました。

　玄関前はヨーロッパ調で、かわいらしい雰囲気が印象的です。庭の地面に敷く石材や砂利は、ポーチに使用した方形のタイルと違和感がないよう、茶系で統一しています。

　来客用の駐車場には、「自然に仕上げて庭のように見せたい」という要望があったため、地面に乱形の石材をランダムに埋め込み、その隙間に芝を敷いて仕上げています。

シンプルなつくりで
明るく爽やかな印象に

上の写真は玄関前スペース、下はリビングルーム前につくったデッキのベンチ。デッキの外側の壁は母屋と合わせてモルタル仕上げ、中はレンガ調にして、白の塗装で仕上げる。狭さを感じさせないよう、できるだけシンプルに。

051

Life sTyle garden 1

**プライバシーを重視した
小さなティールーム**
デッキの花壇に植えたローズマリーはこんもりと茂り、外からの目線を遮る効果が。家族とのティータイムや読書を楽しむのにぴったりの空間。

使用植物とマテリアルテクニック

使用した植物

○主な樹木

建物が高台にあるため、下から見ると擁壁と建物が大きく感じます。そのため、ヤマボウシやライラック、オリーブなど大きめの樹木を取り入れ、駐車場に芝を植えるなど、緑の分量を増やし、緑と建物のボリュームを合わせました。物置にはクレマチスを絡ませて、構造物の印象を和らげます。フェンスを覆うヘンリーヅタも、同じ効果を狙って植えたものです。

ヤマボウシ 　　アオダモ

オリーブ 　　ジューンベリー 　　アジサイ・アナベル 　　ローズマリー

クロヒメアジサイ 　　ビバーナム 　　カシワバアジサイ 　　ヘデラ

○主な草花

アジュガ、セダムなどのグランドカバープランツは、細い隙間を埋めるために利用しています。丈夫で管理が楽、ある程度の踏圧にも耐えるため、重宝します。擁壁とフェンスの間に植えたコンボルブルスは、擁壁の印象を和らげるために植えたもの。非常に強健で、生長するにつれて下垂し、茎の長さが5mにもなることもあります。

バラ 　　ジャーマンアイリス

セダム 　　　　コンボルブルス 　　　ヘンリーヅタ 　　　　アジュガ

マテリアルアイデア

動線の使用頻度を意識した仕上げ

庭の地面は、通路や駐車場など、動線部分の床は乱形石で舗装、それ以外は砂利を敷き詰めています。階段にも同タイプの乱形石を敷いて仕上げます。頻繁に使用する玄関アプローチはモルタル目地、比較的使用頻度の少ない物置前のステップはセダム目地、駐車場は芝目地にするなど、用途に合わせた目地を選択。デッキの花壇は鉄筋を入れたブロック積みにモルタルで造形したもの。ただの塗装では味気ないため、レンガ調テイストにして表情を付けました。

砂利、乱形石張り（モルタル目地）

乱形石張り（セダム目地） 　　レンガ調モルタル仕上げ 　　ウッドフェンス 　　乱形石張り（芝目地）

古材で製作したドア 　　階段と手すり

その他の使用植物リスト

○樹木
アロニア、レイランディー、ブラックベリー、タイム、ブッドレア、ラベンダー、クレマチス・モンタナ、ライラック、バラ

○多年草
タイツリソウ、ゲラニウム、シシリンチウム、ギボウシ、シンバラリア、クリスマスローズ、ジャーマンアイリス、芝

Life style garden 1

Life style garden 2
子どもたちのための芝生の庭
花咲き、蝶が舞う憩いの場

設置した構造物は周囲に巡らせたフェンスと門扉のみ。シンプルな造りにすることで、開放感たっぷりの空間になりました。陽光が降り注ぐ芝生の庭には、無邪気に遊ぶ子どもたちの姿が似合います。

敷地の広さを生かした
シンプルで明るい庭

　青々とした芝が敷き詰められた空間に、季節の花が咲き誇る———。誰もが一度は憧れる、広々とした日当たり抜群の庭です。面積が大きな庭を樹木や草花だけで構成しようとすると、植栽数は膨大になり、後の管理も大変です。この庭は日当たり、風通し、水はけが良く、芝の生育には最適な環境ですので、玄関アプローチの石畳以外は、全面に芝を敷き、草花や宿根草は、フェンスに近い場所にまとめて植えています。

　周囲に巡らせたフェンスは、高さをランダムにしてラフな雰囲気を演出。フレンチカントリー風の母屋の鎧戸に合わせ、グレイッシュな色でペイントしました。敷地のすべてをフェンスで取り囲むと圧迫感が出てしまう恐れがあったため、駐車場との仕切り部分は、レイランディーの生垣に変えました。庭側から車が見えないよう、高さのある株をセレクトしています。

**大きく生長する植物を
ふんだんに使う**

敷地が広いため、草丈の高い植物、大きく生長する植物を使ってボリュームを出すと見栄えが良い。花々が咲き誇る庭には、ときにはこんな訪問者の姿も。

rough sketch

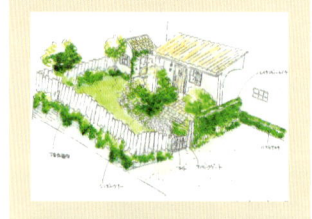

L字形の庭のうち、南側エリアを施工。西側は、砂利とレンガで舗装する予定。

data

所在地：神奈川県
敷地面積：約260㎡
庭施工面積：約80㎡
工期：延べ14日
構造物：フェンス、アプローチ、門柱、門扉、花壇、駐車場
使用素材：松材、栂材、石、砕石、オーク材

個性の異なる植物で
フェンス周りを華やかに

フェンスを背景に、中低木、宿根草、一年草を植え込む。草丈の高いもの、低いもの、地面を覆うものを組み合わせて高低差をつけ、立体的な印象をつくる。日当たりと風通しが強すぎると植物を傷めてしまうが、フェンスは日除けと風除け、目隠しの役割を果たしている。

庭のベストポジションに
ガーデンファニチャーを設置

庭を見渡せる位置に、シャビーテイストのガーデンテーブルを設置。ブルーグリーンの色合いが、庭のグリーンに溶け込んでいる。来客時は、ここでティータイムを楽しむ。

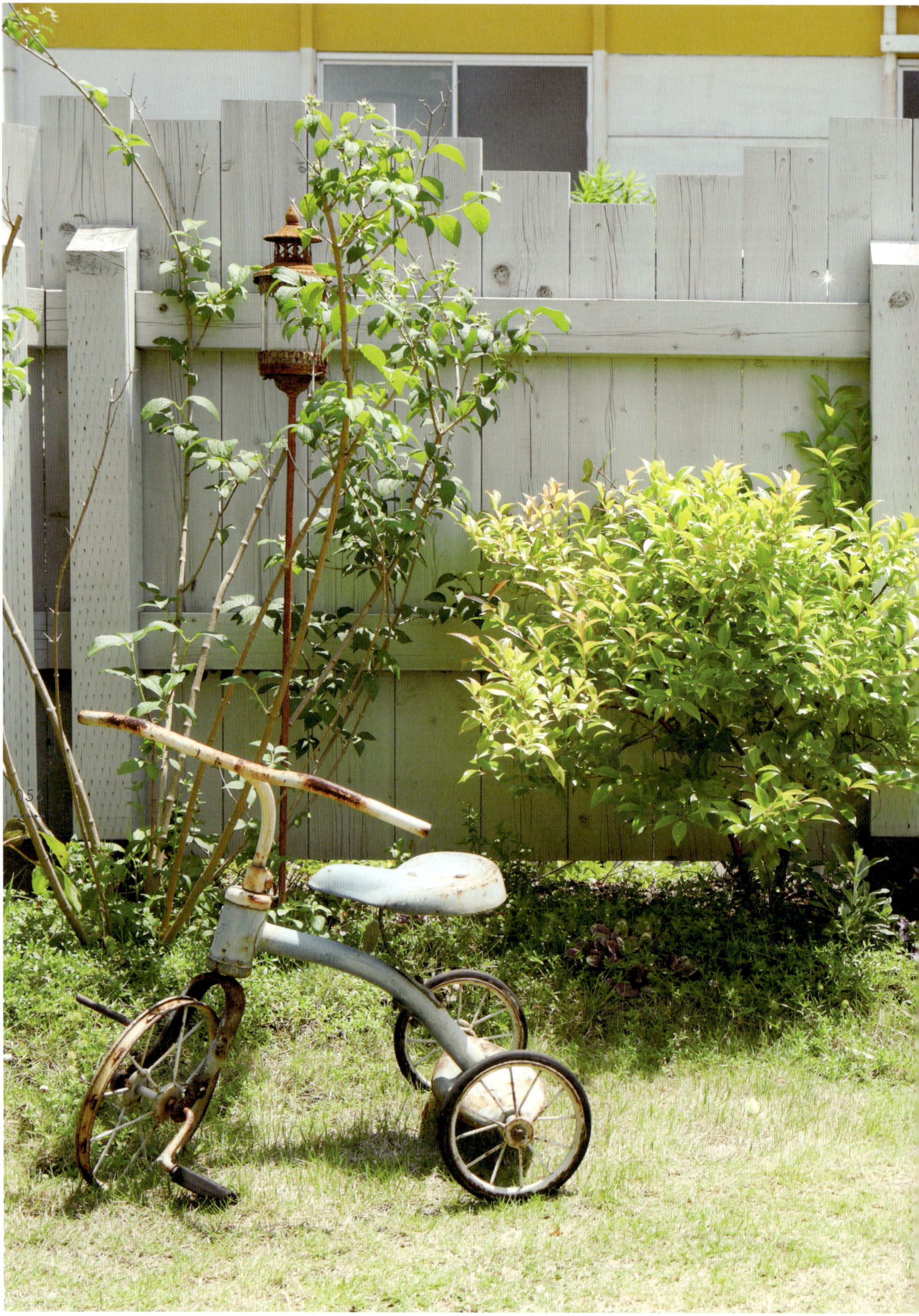

**ガーデン雑貨や小物を
庭にとけ込ませて**
アンティークが大好きだという施主が集めた、ランタンや鉄製のフェンスのパーツがさりげなくディスプレイされている。錆びた三輪車の存在も効いている。

緑があふれる温かな庭をつくるための、植栽と演出

　この家の擁壁にはブロック塀が使われています。フェンスはブロック塀より50cm内側に設置し、フェンス前にも植栽スペースを設けました。ここは高台にあり、フェンスの外は強い風を受けることで、絶えてしまう植物もあるため、乾燥に強く、丈夫なものを選ぶ必要があります。使用したのはローズマリーやコンボルブルス、ロータス、ウエストリンギアなどですが、コバノランタナやヘリクリサムもおすすめです。植物が生長するにつれて、無機質な土留めのブロックが隠れ、フェンスの高さも気にならなくなります。

　門扉はオークの古材を柱にし、フランス製のアンティークのアイアン・ゲートを設置しました。施主自身が集めたというアイアンのパーツや古い三輪車などの雑貨も随所に散りばめられ、ルスティックで温もりのある庭に仕上がっています。

雑貨と構造物で
ニュアンスを出す

構造物はプロヴァンス風の母屋に合わせ、アンティークや古材を使用。基本的に雑貨や小物は玄関脇などに飾り、庭は植栽の美しさで見せる。玄関から門まではアンティークストーンで舗装、門の外と駐車場は砕石を敷いている。

空間の印象を和らげる
シマトネリコの緑

建物とフェンスばかりが目立つと、味気ない印象になってしまうが、大きめのシマトネリコを入れることで、やわらかな印象をつくる。鮮やかな緑葉が美しい。

寄せ植えやハンギングを
効果的に使って

門柱にはプミラを這わせ、ポストの下にはローズマリーやタイムなど常緑の低木を植えている。季節によっては寂しい印象になるため、ハンギングや寄せ植えの鉢、ブリキ製の文字プレートでゲート周りに彩りを添えている。

059

Life style garden 2

使用植物とマテリアルテクニック

使用した植物

○主な樹木

シンボルツリーのセンダンは、「パラソルツリー」といわれ、成熟すると横に広がる樹木。5月の薄紫色の花、冬のジュズ玉のように連なる実もかわいく、大きく育てられる立地ではおすすめの樹木です。シマトネリコは敷地の脇にある電柱を隠すために植えたもの。アローニアとブルーベリーは、草花と樹木の間を繋ぐ、ミドルツリーとしての役割を持たせています。

ジューンベリー 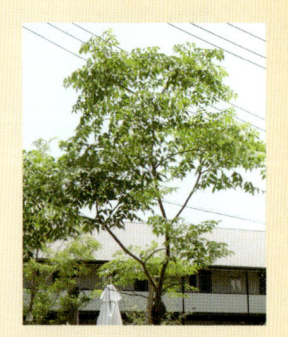　　センダン

ウエストリンギア 　レイランディー 　シマトネリコ 　アローニア

○主な草花

サルビア・クレベランティやガウラは高さを演出、ゲラニウム、アルケミラモリス、グレコマは地面を覆い、中間の高さのカンパニュラやシュウメイギクは高い植物と地這性の植物の間を繋ぎます。駐車場にはイワダレソウ、エリゲロン、タイムなどのグランドカバー植物は、自然な雰囲気を演出し、駐車場の砕石と庭のアンティークストーンを違和感なく繋いでいます。

ブルーベリー　トケイソウ

ガウラ 　シュウメイギク 　シロツメクサ 　ゲラニウム

ロータス 　　　　エリゲロン 　　　　ラベンダー 　　　ヒメイクダレソウ

植栽テクニック

色と形の異なる植物でメリハリをつける

数多くの植物が使われ、葉色や形の異なる植物が組み合わされています。花よりも緑が多いため、多色使いでも違和感はありません。ガウラやセラスチウム、アルケミラモリス、ゲラニウムなどを混植してナチュラルさを出し、ディアボロとガウラは、銅葉とピンクの花が互いの色を引き立てます。紫色のカンパニュラとムクゲの明るい葉は、補色の組み合わせで印象的な仕上がりとなっています。

背景の高さを合わせた 　　混色でナチュラルに

銅葉で引き立てる 　　銀葉を生かす 　　補色で印象的に

下垂性の植物でブロックを隠す

その他の使用植物リスト

〇樹木
ブッドレア、オリーブ、バイカウツギ、レモンバーベナ、タイム、セイヨウニンジンボク、バラ

〇多年草
ラムズイヤー、ルドベキア、アジュガ、ティアレラ、カレックス他

Life style garden 2

061

Life style garden 3
フレンチシャビーのインテリアに合った そんなガーデンを現実にしたい

フランスの古い町の風景を再現したかのような、シックでシャビーなプライベートガーデン。スッキリと無駄のない空間には、厳選した鉢に植えられたシックな色合いの花が咲いています。いつまでも眺めていたくなる美しい空間です。

目隠しのための壁が ニュアンスある表情をつくる

　フランスの古い街並を愛する施主の希望は、庭にその風景を再現すること。そこでもっとも大きな構造物である壁の造形で、フランスの古い街並を表現することにしました。

　実はこの壁、敷地の外にある造園業者のゴミ置き場を隠すために、どうしても必要なものでした。壁全体を同じテイストに仕上げると圧迫感が出てしまうため、東側と左正面はプラスター仕上げ、右正面は石積み風仕上げにしています。背景を完全に隠したい左側の壁は高めにし、2つの小窓で変化をつけて。右側の壁は外の緑を借景にするためやや低めにし、アンティークのグリルを取り付けた窓からも、緑が見えるようにしました。壁側にはぶどうが植えてあり、生長すると鉄製のパーゴラに絡んでいきます。ぶどうの葉がつくる木漏れ日は、シックなフレンチガーデンに、新たな表情をプラスしてくれるはずです。

小さな空間で重宝する つる性の植物

小さな庭では、つる性植物を有効利用したい。プラスター仕上げをした壁に、アイアンフェンスで表情を出し、ぶどうやクレマチスを絡ませた。将来的には、上部に取り付けたパーゴラにも絡み、木漏れ日が楽しめるようになる。

rough sketch

基礎に土留めを組み、庭の床面を約50cm高くしている。

data

所在地：東京都
敷地面積：約105㎡
庭施工面積：約18㎡
工期：延べ35日
構造物：壁、パーゴラ、テラス、物置、水栓
使用素材：砂利、石、鉄骨、モルタル、ロートアイアン、松材

壁に付けた小窓で
表情豊かな空間に

壁は、目隠しのために2.4mの高さになった。それによって生じる圧迫感は、窓を取り付けることで解消。窓に絡んだクレマチスによって、長い年月が経った空間のようにも見える。

構造物の大きさで
空間のバランスを取る

西側に設置した物置は、圧迫感が出ないよう、あえて小さめに。物置を小さくすることで、石積み風の壁を大きく見せ、存在を強調している。

床の段差をなくし
奥行き感を出す
庭の床を上げて室内のフロアレベルに合わせ、フラットに仕上げた。フランスの建物のような雰囲気を演出し、奥行き感も出すことができた。

Life style garden 3

❀ 使用植物とマテリアルテクニック

使用した植物

○主な樹木

　狭い庭では限られた樹木数で、構造物を引き立てる植栽構成が必要。メインはベニバナトチノキとオリーブ。大きなベニバナトチノキが借景の緑をつなげ、壁の圧迫感を排除。壁が途切れ隣家が丸見えになるステップ廻りは、オリーブで目隠し。壁にはつる性のブドウ、クレマチスを誘引して絡め、壁と馴染ませます。アジサイとクレマチスは渋い花色の品種を選びました。

オリーブ 　　　アジサイ

クレマチス 　　ベニバナトチノキ 　　クレマチス

○主な植物

　奥行きがあまりなく、手前に植物が広がると狭さを感じさせてしまうため、草花の数は控えめに。根締め程度にクリスマスローズとセージを植え込んでいます。空間全体をシックな雰囲気に統一するため、濁った色、ディープな色など、ニュアンスのある色合いの草花を使い、大人っぽく仕上げました。厳選した個性的な鉢をディスプレイし、印象的な庭が完成しました。

クリスマスローズ 　　セージ

ブドウ 　　サルビア 　　ペラルゴニウム

マテリアルアイデア

石積み風の外壁でシャビーな雰囲気づくり

この庭の印象を決定しているのが石積み風の外壁。鉄骨と鉄筋を躯体にした壁を造り、モルタル造形で石積み風の演出をしました。借景の緑が見える位置の壁にフランスのアンティークグリルを設置し、奥行き感を楽しみます。物置の扉と小窓は、エイジング加工し、経年変化を演出。床は平板石をメインに物置前のみ砂利を取り入れ、変化をつけました。

物置 　　　　　　　　エイジング塗装

アンティークフェンス 　小窓 　　アイアンのパーゴラ 　アンティーク・グリル

アンティークのライト 　化粧砂利 　石積み風モルタル造形 　ラフ方形平板石張り

高低差を付けた外壁

その他の使用植物リスト

○樹木
クレマチス・モンタナ、ローズマリー、タイム

Life style garden 3

Life style garden 4
雑貨ディスプレイで楽しむ より豊かな印象に変わるガーデン

落葉樹と耐陰性のある中低木、グランドカバー植物を使った、シェードガーデンです。耐陰性のある多年草を中心にした緑豊かな植栽と苔むした古レンガが、長い年月を経たかのような落ち着いた雰囲気を醸し出します。

落葉樹の木漏れ日が美しい 緑豊かなシェードガーデン

　マンションの1階にあるシェードガーデンです。施主の希望は、これまでベランダで管理していた植物を整理し、手つかずの地植えスペースを庭として機能させることでした。構造物はフェンスと床のみで、庭としてはシンプルな造りです。庭の周囲はグレーにペイントした格子のフェンスで囲い、その一部は板張りに。ガーデン雑貨やオブジェ、鉢などをディスプレイするコーナーを設けました。壁で背景をつくることで、雑貨類のレイアウトがしやすくなり、存在感もアップします。床は庭の入り口から奥に向かって、ベルギー製の古レンガの小道を造って広がり感を出し、奥側には明るいベージュ色の砂利を敷き詰めています。

　樹木で日当たりが遮られるシェードガーデンでは、耐陰性の高い中低木やグランドカバーの植物を使うのがおすすめです。個性ある多年草が、日陰の庭を華やかに彩ってくれます。

空間に合わせ、小ぶりのブロカントを飾る

フランスの古いワインボトル立てに、テラコッタポットをかけてアプローチ脇に。また、子供用のナチュラルなイスを鉢台にしてディスプレーして高低差を出すなど、庭の随所に配された小物がアクセントになっている。

rough sketch

室内からはベランダを通り、中心にあるステップから降りるようになっている。

data

所在地：神奈川県
敷地面積：約36㎡（占有部分）
庭施工面積：約25㎡
工期：延べ12日
構造物：フェンス、アプローチ、室外機カバー、飾り棚、立水栓
使用素材：アンティークレンガ、砂利、松材、栂材

**株立ちの樹木を植え
庭全体に奥行きを**

株立ちのジューンベリー、アオダモ、灌木のブルーベリーを離して植えて、立体的で奥行きを感じさせるレイアウトに。

**存在感のある
ガーデン雑貨を配置する**

庭の敷地の半分は、既存のフェンスを使用している。ハマヒサカキを茂らせてフェンスを隠した。フェンスの前に置いたアンティーク風のバードバスは、この空間のフォーカルポイントに。

**しっとりと落ち着いた
魅力溢れるシェードガーデン**
木漏れ日の中、古レンガの小道の両脇には、ティアレラやアジュガ、クリスマスローズなど、季節ごとに可憐な花が美しい姿を見せてくれる。敷き詰めた古レンガの目地には目土(めつち)を使用。

071 Life style garden 4

使用植物と植栽のテクニック

使用した植物

○主な樹木

主役のジューンベリーやアオダモは、風にそよぐ、やわらかな枝振りが魅力。落葉樹のため、ハマヒサカキや格子に絡ませたヘデラなどの常緑植物で、冬の庭にも緑が残るようにしています。大きな樹木がある庭は、どうしても日陰が多くなります。中低木にはアジサイやブルーベリーなど、比較的耐陰性の高いものを選んでいます。

ジューンベリー 　　バイカウツギ

ブルーベリー 　　ハマヒサカキ 　　クロヒメアジサイ 　　アオダモ

イワガラミ 　　ヘデラ 　　ブルーベリー

○主な草花

黄葉、銅葉、斑入り葉などを使い、葉のテクスチャーや葉色の違いを対比させて、互いの個性を際立たせる植栽構成です。庭の奥行きがあまりなく、レンガの通路も狭いため、ボリューム感の出る植物は避けました。レンガの小道の脇に花が点在している風景をイメージし、ビオラ、イカリソウ、ティアレラ、ラミウム、八重咲きのドクダミ、ゲラニウムなど、マット状に広がる植物を多く使っています。

アジュガ 　　ティアレラ

フウロソウ 　　　　ユーフォルビア 　　　　ビオラ、オダマキ 　　　　クリスマスローズ

植栽のテクニック

グランドカバー植物の組み合わせで華やかに

個性の異なる植物を組み合わせると、表情豊かな庭がつくれます。ニシキシダ、ナルコユリ、ヒューケラなど、形状や葉色が異なる植物の組み合わせは、華やかなイメージ。イカリソウとクリスマスローズなど、葉色が似て形状が異なる植物の組み合わせは、落ち着いた雰囲気。雑貨をディスプレイしているアンティーク風のテーブルは、ワンダーデコールで購入しました。

緑のグラデーション

低木との組み合わせ 　　　目地にセダム 　　　　　葉の形状の違い

斑入りで明るく 　　　コンテナ・ディスプレイ

その他の使用植物リスト

○樹木
ヤツデ、アジサイ・アナベル、クレマチス、クロチク、ツルハナナス、クレマチス・アーマンディー
○多年草
ビンカミノール、ドクダミ、イカリソウ、ラミウム、他

Life style garden 5
ペットと過ごす至福の時間 暮らしを広げる庭づくり

庭で愛犬を遊ばせたいという思いを形にした、セミオープンスタイルの庭です。リビングルームの延長のような、ナチュラルなデッキテラスには、木漏れ日の下で自由に走り回る愛犬たちの姿があります。

人も犬も楽しめる 緑あふれるデッキテラス

　中高木で鬱蒼とした庭を整理して、庭仕事などができるスペースを確保すること、2匹の愛犬を自由に遊ばせられる空間にすること。この2つの条件を元につくった庭です。改造前の庭にあった中高木のうち、ヒメシャラ、エゴ、ヤマボウシは、新しい庭に移植。宿根草や季節の花は、シンボルツリーにしたヒメシャラの根元に集中して植え、つる性のブドウやツルバラ、クレマチス、ジャスミンは構造物に絡ませます。植え込みスペースを限定することで、すっきりした空間を確保しました。

　玄関につながる通路と裏口にはゲートをつけ、床はウッドデッキとタイルで舗装。これで愛犬たちは家の中と外を自由に行き来できるように。さらにウッドデッキの中央にはガーデンテーブルを置き、食事やティータイムが楽しめるスペースも設けました。人も犬もくつろげるプライベートな空間の完成です。

雑貨の存在が生きる シンプルな空間
施主は人気雑貨店のオーナー。アンティーク風のバードフィーダーやガラスのクロシェなど、センスのある雑貨が庭の随所に飾られている。

rough sketch

庭の基礎は40cm上げ、室内とデッキのレベルを合わせている。

---

data
所在地：東京都
敷地面積：約200㎡
庭施工面積：約40㎡
工期：延べ40日
構造物：壁、ゲート、デッキ、テラス、流し、物置、フェンス、ステップ、駐輪場、パーゴラ花壇
使用素材：タイル、スレート、サイプレス材、モルタル、ロートアイアン、枕木、レンガ

**タイルとウッドデッキで
シンプルさと温かみを出す**

物置の入り口前は、玄関ポーチに
使われているタイルと同じものを
敷き、雰囲気を統一。すべてがタイ
ルでは硬い印象になるため、ス
ペースの半分はウッドデッキに。

デッキと地植えスペース 両方をしっかり確保！

草花を植える場所は欲しいけれど、犬のためにデッキにしたい。フロントとデッキスペースのヒメシャラの根元に地植えスペースを設け、そのジレンマを解消。物置には棚を設置し、雑貨のディスプレイスペースを確保した。

オイルステインの色合いで使い込んだ風合いを出す

デッキとフェンスの木は、防腐作用のあるオイルステインで仕上げた。白木は風化するとグレイッシュな色に変化する。オイルステインを混ぜ、その色合いを表現。

life style garden 5

**フロントスペースにも
緑をたっぷり配して**

フロントにも植栽スペースを確保
し、ハーブ類やグランドカバー植
物を植えた。小屋の外壁にはツル
バラを誘引。将来的には屋根や壁
がバラの花で彩られるはず。

ミックススタイルの物置がフロントのポイントに

　ステンドグラスの窓が印象的な物置は、園芸用品やバーベキュー用品などをたっぷり収納しています。庭の奥側ではなく、あえて道路側に設置し、実用としてはもちろん、目隠しとしても使えるようにしました。脇にはステップを設け、庭への出入り口をつけています。屋根は北ヨーロッパではポピュラーなスレートを使用しました。ドアの取っ手やステンドグラスはイギリスのアンティーク、蝶番や小窓はフランス製。壁はフランスやスペイン、イタリアで使われる石灰系モルタルで仕上げ、扉は『BROCANTE』のオリジナルというミックススタイルです。ウッドフェンスは南欧風の建物に合わせてネイビーの塗料で塗りましたが、物置の扉は、小窓の黒い枠に合わせてグレーの塗料でペイント。黒系の色をプラスして空間を引き締め、庭が甘くなりすぎないようにしました。物置の中に入ると、正面にステンドグラス。中に入るたびに、美しい模様が見られます。

**母屋とガーデンシェッドの
白壁が緑を引き立てる**

南向きの敷地のファサード全体が
白を基調としているため、緑が映
え、爽やかな印象に。また自然素
材の壁材がやさしく、温かみのあ
る表情をプラスしている。

収納とディスプレイを
楽しむおしゃれな物置

物置の内壁は白くペイント。ゆったりとして、ちょっとしたディスプレイスペースとしても楽しめる。ステンドグラスはイギリスのアンティーク。

Life style garden 5

使用植物、植栽とマテリアルアイデア

使用した植物

○主な樹木

　ヒメシャラ、エゴ、ヤマボウシは、もともと庭にあったものを掘り上げて移植。落葉樹の移植は休眠期の冬が最適です。真夏の場合は葉をすべて取り、強制的に休眠させます。常緑樹の場合は真夏と真冬を避けましょう。リキュウバイ、アメリカテマリシモツケ、ツルバラは、40cm下の地面に植栽。これはデッキ上で緑を楽しむための工夫です。

アメリカテマリシモツケ 　　リキュウバイ

オリーブ 　　ヒメシャラ 　　エゴ 　　ブドウ

○主な草花

　「花が楽しめる空間」も、テーマのひとつ。外の花壇とエゴの木、ヒメシャラの根元に地植えスペースをつくり、季節の花を植えています。植栽面積が少ないため、かなり詰め込んでいますが、ごちゃごちゃした印象にしないよう、可憐な小花を中心に選び、花色も同系色でまとめています。ムスカリ、シラーなど冬から春に楽しめる球根もあちこちに忍ばせています。

クレマチス 　　アメリカアジサイ・ピンクアナベル

ロベリア 　　バコパ 　　スカビオサ 　　シシリンチウム

植栽とマテリアルアイデア

構造物に植栽を合わせてナチュラルに

床はウッドデッキとタイル張りで、土の見えない環境。小屋にバラ、パーゴラにブドウ、フェンスにクレマチスなど、構造物につる性植物を絡ませて緑の割合を増やし、立体感とナチュラル感を演出しました。外壁のモルタル造形は石積み風に仕上げました。軽めにテクスチャーを付けて、味わいが出ています。自転車置き場の床は、枕木と既存のレンガで風合いを付けました。

クレマチス / ヤマボウシ

ブラックベリー、バラ / ラベンダー、タイム / バラ、ヒトミソウ / バラ、フランネルフラワー

真鍮製の蛇口 / フランスアンティークの小窓 / 古材の棚とブラケット

モルタル造形（石積み風） / 枕木とレンガ

その他の使用植物リスト

○樹木
リキュウバイ、ジューンベリー、ブルーベリー、バイカウツギ、ヘンリーヅタ、ブドウ、ハゴロモジャスミン、ローズマリー

○多年草
シンバラリア、セダム、ムスカリ、ハナニラ、シラー、ブラキカム、レモンバーム、プラティナ、他

Life style garden 6
植栽が映えるフロントガーデン
ハーブの香りで導くアプローチ

フロントガーデンは、木々に囲まれる楽しさが味わえる、緑のアプローチ。ウッドフェンスに囲まれた中庭は、プライベートタイムを満喫できる癒し空間。樹木の緑が日々の生活を潤してくれます。

緑のトンネルをくぐる
爽やかなフロントガーデン

「以前訪れたイタリアの風景をつくりたい」という希望で、オリーブやラベンダー、レモンなど、地中海性の植物を取り入れた庭です。

フロント部分は、道路から玄関まで高低差がありましたが、アプローチも庭の一部になるよう、距離を長めに取り、ステップ幅を広くしてゆったりとした雰囲気に。緑の中をくぐりながら歩くイメージで、両脇にレモンやティーツリーなど、常緑性の樹木を植えました。いずれも樹高が出ますので、定期的な剪定で生長をコントロールします。玄関前の花壇は、樹高のあるシマトネリコを中心にした植栽を行い、外から丸見えになる玄関廻りを隠しました。

テラスも玄関前と同様、道路から丸見えの位置にあります。目線は遮りながらも風通しは確保したかったため、ウッドフェンスの板を互い違いに張っていき、一見、壁のように仕上げました。

花や緑で構造物のイメージを変える
中庭のフェンスに絡ませたクレマチス・モンタナは、強健で育てやすい品種。ほんのりピンク色の花は、可憐な雰囲気。コンボルブルスとローズマリーがウッドフェンスと擁壁を繋ぐ。

rough sketch

中庭の正面はウッドフェンス、西側は生垣で囲って変化をつけた。

data
所在地：神奈川県
敷地面積：約175㎡
庭施工面積：約95㎡
工期：延べ50日
構造物：壁、フェンス、ゲート、駐車場、アプローチ、テラス、花壇、ステップ、門柱、
使用素材：砂利、枕木、サイプレス材、石、レンガ、樹脂系左官材、芝生

縦に生長する樹木で
外からの目線を遮る

中庭が外から見えにくくなるよう、通路の両脇にリキュウバイやティーツリーを植えた。ティーツリーは生長すると4〜5mになるが、植え込みスペースは建物の基礎の上にあるため、生長が抑制される。

常緑の樹木を中心にした ひな壇式の植栽

フロントの花壇は、奥行きが1.2mあるため、ひな壇式に植栽できた。後方にシマトネリコ、中間にウツギやセアノサス、前面に立ち上がる草花、前面の縁に下垂性の植物を植えた。

085

Life style garden

使用植物とマテリアルテクニック

使用した植物

○主な樹木

外から丸見えになる玄関廻りやテラス脇は、常緑の樹木で目隠し。玄関前はシマトネリコ、テラス脇はレイランディーを選びました。またプリペット、ウエストリンギアで建物の基礎を、匍匐性のローズマリーで擁壁をカバーし、構造物の硬さを和らげます。シンボルツリーのオリーブは、もっとも目を引く敷地の角に植え込みました。

ライラック 　　ジューンベリー

プリペット 　　ローズマリー 　　ウエストリンギア 　　タイム

クレマチス・モンタナ 　　シマトネリコ、ユキヤナギ 　　レイランディー 　　ラベンダー・デンタータ

ラベンダー・ストエスカ

その他の使用植物リスト

○樹木
セアノサス、バイカウツギ、アジサイ・アナベル、ロシアンオリーブ、メラレウカ、レモン、ギンバイカ、ツルハナナス、ヘデラ、カシワバアジサイ、モクビャッコウ、リキュウバイ

○多年草
アジュガ、ベロニカ、ユーホルビア、セダム、アガパンサス、芝他

○主な草花

施主の希望で、ハーブなど地中海性の植物を多用しています。クリスマスローズはグリーンの花色をチョイス。全体的に甘さを排した男性的なセレクトといえるかもしれません。フェンスの影部分は、ポイントとしてオダマキを使用。玄関のステップの小さな植栽ポケットは、タイムやプミラなど、地這性の植物で地面を覆います。

セラスチウム

クリスマスローズ

コンボルブルス

西洋オダマキ

セントーレア、ラベンダー

セージ

マテリアルテクニック

モダンなイメージにする素材選びと使い方のコツ

フロントのステップのレンガは、細い面を上にしてモダンな雰囲気に。植栽ポケットのある段は目土（めっち）目地、ステップの上段はイモ目地張りで明るく見せました。テラス脇のステップの天板は、家の基礎に合わせてラフ方形の平板石を使用。タイルとは異なり、やわらかくラフな印象に仕上げることができます。

異種類の目地

天板が平板岩のステップ

表裏で板をずらしたフェンス

イモ目地

砂利と枕木

芝生と枕木

Life style garden 7
大人も子供も自由に楽しめる
プライベートな癒しの空間

四方を建物に囲まれた環境を生かした、プライベート・ガーデン。子どもたちはデッキに腰掛けて遊び、大人たちはティータイムをエンジョイ。わくわくした気持ちにさせてくれる、秘密基地のような空間です。

建物に囲まれた敷地を
プライベートな空間に

　四方を建物で取り囲まれたこの空間のテーマは、子どもたちが楽しめる秘密基地のような庭。周囲を囲まれているからこそ、プライベート空間として、生かすことができます。

　室内から外階段を降り、ウッドデッキへ。ネイビーでペイントしたフェンスは、隣家の壁色に合わせたもの。庭を隣家の建物と馴染ませ、違和感を排除します。フェンスの上部は、建築工事用のワイヤーメッシュを入れ、ヘデラやテイカカズラを絡ませました。木製の格子ではどうしてもボリュームが出て、甘い雰囲気になりがちですが、ワイヤーメッシュなら、シャープなイメージを出すことができます。

　ウッドデッキには段差をつけ、東側の幅を広くしたL字型のベンチを作成。幅広のベンチ下には、エアコンの室外機が3台あるため、それを隠すために必要な構造でした。

　植栽は管理の手間を減らすため、数を抑え気味に。季節の花を楽しむ時は、鉢植えを取り入れるようにしました。

特別な日は
樹木や花を飾って

来客時は鉢植えの樹木や花をディスプレイ。アンティークのバスケットにカラミンサとペチュニアを入れて。シマトネリコの木陰に、斑入りのギンバイカを置いて明るさを演出。

rough sketch

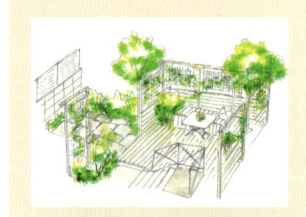

壁側に植栽エリアを設けず、できるだけスペースの広さを確保した。

data

所在地：東京都
敷地面積：約100㎡
庭施工面積：約22㎡
工期：延べ15日
構造物：フェンス、デッキ、水場、花壇、ベンチ
使用素材：サイプレス材、松材、栂材、ワイヤーメッシュ、ウッドチップ、石

北側の庭をあえて
ダークカラーで大人っぽく

暗い印象になりがちな北側にあえてネイビーの濃いフェンスを配し、グリーンも絞り込んでシックなスペースに。天気に恵まれた日はテーブルにクロスを広げ、オープンカフェに早変わり。

広いデッキは視線を気にせず、多目的に

タープを付ければ、空間がよりプライベートな雰囲気に。遮光性と通気性を兼ね備え、軽くてメンテナンスも楽なシェード専用布のタープを使用している。

使用植物とマテリアルアイデア

使用した植物

○主な樹木

メンテナンスの手間を極力減らすため、植栽数は限定して、常緑樹を使用しました。デッキの奥に植えたシマトネリコは、シンボルツリーであると同時に、隣家のベランダを隠す役割もあります。このほか、デッキの植物は鉢で管理。トピアリー仕立てのツゲは、アクセントに。斑入りのギンバイカは空間を明るく見せる効果があります。鉢植えの樹木は、植え替えは肥料を補いながら、2〜3年に1度行います。

シマトネリコ 　　西洋ツゲ 　　ティカカズラ

ギンバイカ 　　ヘデラ

マテリアルアイデア

空間の条件に合わせた材料選びと設備の工夫

床はサイプレス、フェンスは松を使用。サイプレスはシロアリに強く、ハートウッドの中では加工しやすい材料。風雨で傷みやすい床面にはおすすめです。防腐剤は塗らずに使用し、1年半で風合いのある色に変化しました。椅子は収納を兼ね、おもちゃなどをしまえます。オリジナルのタープは軽い印象に見えるよう三角形に。フェンスに5カ所のフックを設置し、日の向きに合わせて移動させます。

床 　　収納

ワイヤーメッシュ 　　タープ

その他の使用植物リスト

○樹木
レモン、ビブルナム・ティヌス、アジサイ、アローニア、ウエストリンギア
○多年草
ギボウシ、クリスマスローズ、他

Life style garden 8
ロマンティック・フレンチスタイル 緑が満ち溢れるガーデン

マンションの7階にある、日当たりの良いL字型のベランダガーデン。コンクリートの床に曇りガラスのフェンスという無機質な空間が、緑化によって自然な雰囲気に。リビングルームからの眺めも抜群になりました。

緑を間近に感じられる、リビングガーデン

　リビングルームのカーテンを開けると、ベランダには溢れんばかりの緑。部屋にいながら、緑のある暮らしが楽しめる空間です。

　主な構造物は、人工的な素材を隠すためのウッドフェンスとウッドデッキです。ウッドフェンスと同じ白で塗装した大型のプランターを3カ所に設置し、植物はそこにまとめて植栽します。プランターの深さは60cmありますが、デッキのレベルを上げているため、見える部分は30cm程度。プランターの高さを感じさせません。

　いつも緑で満ちた庭にするために、植物は丈夫な常緑の樹木を中心にチョイスしました。背景のマンションを隠すために選んだオリーブは、この庭のシンボルツリーにもなっています。季節感を演出したいときは、草花の寄せ植えを置いて楽しみます。空間の雰囲気に合わせ、花色は白が中心。ベランダでもくつろげるように設置した木製のベンチが、空間のポイントになりました。

rough sketch

人工土壌や灌水装置、緑化システムを取り入れれば、限られた土壌でも緑豊かに。

data
敷地面積：約30㎡（専有部分）
庭施工面積：約20㎡
工期：延べ8日
構造物：フェンス、デッキ、花壇、テラス、ステップ、自動灌水装置
使用素材：サイプレス材、松材、砂利、石、人工土壌、緑化システム

グリーンと白で見せる
シンプルなガーデン

室内のインテリアに合わせ、ベランダもエレガントさを感じさせるシンプルな雰囲気に。施主がコレクションしている、ウサギのオブジェが大人のかわいらしさを感じさせる。

明るく落ち着きある
緑の空間づくり

格子のフェンスには葉の小さなテイカカズラを絡ませ、緑化しながら光も確保。ベランダの空間すべてを白くしてしまうと甘くなり過ぎてしまうため、ベンチと床は無塗装に。グレーの色合いで落ち着きある雰囲気を演出した。

ステップを設置して
ベランダへの動線を確保

西側と南側のベランダの床は段差があったため、木製のステップを設置した。人口土壌を入れた自動灌水装置を使うと、水やりの手間がなくなり、日々の負担が減少。忙しい人におすすめのシステムだ。

使用植物とマテリアルアイデア

使用した植物

○主な樹木

風当たりが強い環境のため、樹高が高くならず、乾燥に強い常緑の樹木を中心に使っています。水やりは自動灌水装置で。電池式なら6万円程度で購入できます。

オリーブ

テイカカズラ

レースラベンダー

○主な草花

季節感を出したい場合は、鉢植えの草花をディスプレイ。インテリアに合わせ、花は白系でコーディネート。リビングルームの延長として感じられる空間です。

ウエストリンギア（銀葉）

ペンタス、フロックス

クレロデンドロン

マテリアルアイデア

部屋の延長のような、白を基調にしたベランダ

床はサイプレス、ベンチはチーク材を使用。アルミとメッシュの曇りガラスのフェンスをウッドフェンスで覆い、ナチュラル感を出しました。室内に合わせて白で塗り、部屋とベランダの印象を繋げて広さを強調します。ベランダの西側角は明かり取り。格子のフェンスにして光を取り入れ、テイカカズラを絡ませます。寝室側は白いフェンスを張り、床にはタイルと砂利を敷き詰めたシンプルなスタイルに。

格子のフェンス

壁

ウッドフェンス

砂利と平板石

その他の使用植物リスト

○樹木
ローズマリー、プルンバーゴ、ヘデラ、ジンチョウ、クレロデンドラム

Life style garden 9
畑がある庭が欲しかった 収穫を楽しむファミリーガーデン

庭の主役は、たわわに実った季節の野菜。玄関までのアプローチにはハーブや宿根草が覆い茂り、足元を賑やかに彩ります。週末は野菜の手入れや収穫など、庭での時間を存分に楽しめそうです。

畑とアプローチの植物で庭中を緑で埋め尽くす

　粒揃いのミニトマトや、色づいたナス。庭の中央にある畑が主役の、実りの庭です。施主の要望は、畑をつくりたいということと、駐車場から上に上がるアプローチをやわらかな雰囲気にしたい、というものでした。そこで、畑の素朴な雰囲気に合わせ、自然素材で温かみのある庭をつくることにしました。

　駐車場は明るめの色の砂利を敷いて、冷たい印象にならないように。玄関までのアプローチはステップを広めにし、カーブをつけてゆったりとした印象をつくり、両側を植栽スペースにしました。土留めには植物と馴染むよう、乱形石を使ってナチュラルさを演出します。

　この場所は、立ち上がった土地のため、水はけが良く日当たりも抜群。畑にするにはぴったりの環境です。畑のエリアには、腐葉土を混ぜた栄養分を多く含んだ土を入れました。

毎日味わいたい 新鮮野菜と実もの
真っ赤に色づいたミニトマトと、隣家との境に植えたブラックベリー。ブラックベリーは、半日陰でもたわわに実をつける。ブルーベリーやジューンベリーで代用しても良い。

rough sketch

庭でもっとも日当たりの良いスペースを畑に。ウッドデッキはハマキサカキで囲った。

data
所在地：神奈川県
敷地面積：約220㎡
庭敷地面積：約90㎡
工期：延べ40日
構造物：壁、フェンス、手摺、駐車場、アプローチ、畑、花壇、ステップ、物置、水場、門柱
使用素材：砂利、石、サイプレス材、オーク材、杉材、アンティークレンガ、枕木、樹脂系左官材、芝生

**伸び伸びと育った植物が
庭を鮮やかに彩って**

畑は輪作できるようスペースをわけ、交互に植え付けるのが理想。また、連作障害を避けるため、同じ科の植物を連続して植えないようにする。下の写真は、2階ベランダから眺めた庭。小屋を覆い尽くすジャスミンの緑がワイルド。

**目隠しも兼ねた
収納たっぷりの小屋**

さまざまな道具を使う畑仕事に収納は必須。小屋はジャスミンとクレマチスを絡ませた。茂った緑が、近くて隠しきれない隣家を覆ってくれる。

**ウッドフェンスや
植栽帯でナチュラルに**

乱形の石と枕木を埋め込んだ砂利敷きのパーキングは、ウッドフェンス側に足元に緑を植えて、動線を彩る。ウッドフェンスは隣のカーポートを隠すために設置した。

**旺盛に生長した植物で
アプローチを埋め尽くす**

玄関アプローチの両側が植栽エリア。高台で水はけが良く、日当たりにも恵まれているため、どの植物も生育旺盛。使用した植物はロータス、コンボルブルス、ラベンダー、ローズマリーなど。門柱はオークの古材を使って、ライトや表札を設置した。

Life style garden 9

使用植物と畑づくりのポイント

使用した植物

○主な樹木

ジューンベリーはこの庭のウエルカムツリー。ハマヒサカキは、デッキ下の隙間を隠す袖壁に。剪定は季節を問わず行えます。ジャスミンが物置を覆って自然な雰囲気に。

ジューンベリー 　　ハマヒサカキ 　　ツルハナナス

○主な草花

草花は玄関アプローチのステップの両側に植えて、歩きながら観賞できるようにしました。全体的にナチュラルになるよう、匍匐性や横に広がって生長する植物を選んでいます。

アガパンサス 　　ヒメイワダレソウ 　　ロータス

畑づくりのポイント

収穫できる畑は、良い土づくりから

畑には良い土が必要なため、土壌が悪い場合は交換が必要です。栄養分のバランスが悪かったり、水はけと保水のバランスが崩れると、病気や虫が付きやすくなります。大きめの物置は、支柱やマルチングなど、道具や資材が必要になるために設置したもの。畑までの通路は、レンガ敷きに。家に繋がるアプローチは、乱形石と砂利を敷き詰めています。

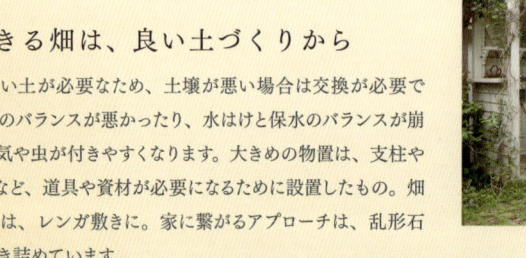

小屋 　　畑

レンガの通路 　　乱形石の階段

その他の使用植物リスト

○樹木
レイランディー、アローニア、ヤマボウシ、バイカウツギ、ラベンダー・ストエスカ、シロヤマブキ、ハゴロモジャスミン、ブラックベリー、ヘデラ、ヒメイワダレソウ、プミラ、ツルバラ

○多年草
ジャーマンアイリス、クリスマスローズ、ギボウシ、キャットミント、コンボルブルス、セダム、他

第 4 章

植物の選び方と
成功する植栽術について

How to choose plants and how to create
a successful planting plan.

―・―

植栽選びと植え付けは、庭施工の最終段階。構造物だけの空間に、緑を加えれば庭は一気に生命感が溢れます。ここで紹介するのは、植物の役割や環境や条件に合わせた、植物のセレクトの仕方です。自分の庭に適した植物を選び、生き生きとした良い庭を育てましょう。

大きくとも小さくとも、見映えする庭へ変える
５つのカテゴリーで考える成功する植物セレクト

好きな植物を選び、ただ闇雲に植物を植え込んでも、美しい庭はつくれません。
植物の選び方は、庭の大きさや向きなどに関係なく、一定の方法と手順があります。
ここで紹介する５つのカテゴリーの特徴を踏まえ、立体感のあるバランスの取れた庭をつくりましょう。

大→小の順番で植物を選び、バランスの良い庭に

見映えの良い庭をつくるためには、植物を適したポイントにバランス良く植えることが大切。『BROCANTE』では、植物の大きさと役割の違いでメインツリーからクライミングまで、５つのカテゴリーに分けて植栽を行い、縁の骨格をつくります。植える場所の条件や植物の特徴を考慮しながら、コーナーごとに、構成要素の①メインツリー→④グラウンドカバー、サイズの大きい植物から小さな植物の順で植物を選んでいきます。構成要素⑤のクライミングのつる性植物は、壁やパーゴラなど、高い位置に這わせることが多いため、①のメインツリーと同時に選ぶと良いでしょう。

①〜⑤の植栽で庭の骨格をつくった後に一年草や花物を加えていくと、季節感が楽しめるバランスの良い空間に。植物の特色を考えずに闇雲に植えると、バランスが悪いだけでなく、枯らすことも多いため、骨格はこの方法で決めるのがおすすめです。骨格の植物を枯らしてしまうと、庭はいつも新しい状態で、植物と構造物が馴染まず、庭に力が出ません。植物をきちんと根づかせ、時間をかけて良い庭を育てましょう。

**５つの構成要素で
自然な庭をつくり上げる**
メインツリーからグラウンドカバー、クライミングまで、植物をバランス良く配置することで、落ち着きのあるナチュラルな庭が完成する。

| 構成要素 ⑤ | **クライミング**
つる性植物、匍匐性植物

フェンス、パーゴラ、壁などの構造物に絡ませる、つる性植物。庭をより自然な雰囲気に演出するため、一種は使っておきたい。生長が早く、ボリュームが出やすいため、狭小な空間などでは、クライミングをメインツリーにすることもある。

| 構成要素 ① | **シンボル・メインツリー**
中低木

そのコーナーでもっとも大きな主木、または庭のシンボルツリーとなる樹木。始めに植えたい場所を決めてから、そこの条件に合う樹種を選ぶ。植えるコーナーごとにメインツリーは必要だが、必ずしも高木を選ぶ必要はない。

| 構成要素 ② | **ミドルツリー**
中低木

シンボル・メインツリーよりも小さめで、サブとなる樹木。基準としては、1.5m以上の高さがあること。メインツリーとその下のフレームを繋ぐ存在であり、メインが常緑樹なら落葉樹にするなど、立地に合わせて考慮すると良い。

| 構成要素 ④ | **グラウンドカバー**
多年草、宿根草、地比類

フレームよりも草丈の低い植物で、植栽エリアと地面との繋ぎ部分を覆って、自然な雰囲気をつくる。一年草を含まない、多年草や宿根草、球根植物など。同じものをグルーピングして植えることが多い。

| 構成要素 ③ | **フレーム**
低木、多年草、宿根草など

ミドルツリーとグラウンドカバーの間を繋ぐ役割。目安としては1.5m以下の植物。大きさが優先されるため、低木でも多年草でも構わない。こんもりと茂らせた印象をつくり、庭に動きをつける。

構成要素① シンボル・メインツリー（主木）に適する樹木を選ぶ

庭やコーナーの主となる樹木。庭全体を眺め、どこに大きな樹木が必要かを考えます。玄関脇に目隠しとなる大きな木が欲しい、目隠しなら常緑で高さは3m 欲しい、リストからその条件に合うシマトネリコを選択。これがメインツリーになります。同様に、それぞれコーナーごとで、メインとなる大きな植物を選んでいきます。庭の日照条件などとともに、花木が欲しい、ヨーロッパ風にしたい……など、つくりたい庭の雰囲気も考慮に入れましょう。

広くても狭くても、植え込みは大小のメリハリが必要でが、もし小さな庭で大きな樹木が必要なければ、メインツリーはこのカテゴリーからではなく、この後のミドルやフレームの中から選んでも構いません。また、p.114からのリストからも選ぶことができます。

アオダモ
Fraxinus lanuginosa f. serrata

モクセイ科トネリコ属　落葉高木

最終樹高：5〜10 m
花の鑑賞期：4〜5月
実の鑑賞期：5〜6月

ひと株あれば庭らしくなる

枝を切って水に漬けておくと、水が青くなるから「アオダモ」と呼ばれるのだが、成熟すると幹肌が白と灰の縞模様になる。株立ち仕立ては、爽やかな印象を与えながらも、ひと株で野趣溢れる雰囲気になるので重宝する。西日が強い場所では、夏場に葉焼けや枝枯れも。雌雄異株で、雌木になる翼果も渋い赤色で綺麗。紅葉も魅力。

オリーブ
Olea europaea

モクセイ科オリーブ属　常緑高木

最終樹高：3〜4 m
花の鑑賞期：5〜6月
実の鑑賞期：9〜11月

ビギナーにお勧めの高木

表は灰緑色、裏は銀白色の葉を持ち、洋的なイメージでとても人気。強健で土壌適応力も高く、異品種が近くにあると、成熟した木には実もなる。北側、半日陰でも植栽可能だが、花が付かなくなったり、葉が少なくなったりする。病気は少ないが、スズメガの幼虫やゾウムシによる幹の食害があり、特に、後者に注意したい。初心者には最適。

ギンドロ
Populus alba

ヤナギ科ハコヤナギ属　落葉高木

最終樹高：20〜30 m
花の鑑賞期：3〜4月

フランスでもポピュラーな樹

葉の裏が銀白色で、遠くからでも独特の葉色が目立ち、他の樹木と比べるととても美しい。フランス現地でもよく見かけられる。「ホワイトポプラ」とも呼ばれ、生長が著しく早く、できるだけ広い空間に植え、年2回は剪定した方が良い。樹形も整わず、強剪定も可能だが、狭いところではあまりおすすめできない。秋は黄葉する。

シマトネリコ
Fraxinus griffithii

モクセイ科トネリコ属　常緑高木

最終樹高：10〜15 m
花の鑑賞期：5〜6月

どう剪定しても格好がつく

近年、日本でも多く使われている常緑広葉樹。以前は、観葉植物として流通していた。常緑樹の中では葉が薄く小さく、穏やかな印象を与えることから、都市部では特に人気。性質は強健で、耐陰性もある。通年やわらかい緑を楽しめ、虫や病気も少なく、どこで切ってもそれなりの樹形になるのでビギナーにぴったり。

ニセアカシア・フリーシア
Robinia pseudoacacia 'Frisia'

マメ科ハリエンジュ属　落葉高木
最終樹高：10〜15m
花の鑑賞期：5〜6月

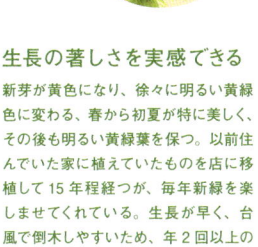

生長の著しさを実感できる

新芽が黄色になり、徐々に明るい黄緑色に変わる、春から初夏が特に美しく、その後も明るい黄緑葉を保つ。以前住んでいた家に植えていたものを店に移植して15年程経つが、毎年新緑を楽しませてくれている。生長が早く、台風で倒木しやすいため、年2回以上の剪定が必要。藤に似た白い花が咲くが、剪定をすると見られなくなる。強剪定も可能。秋には葉が黄色になる。

ベニバナトチノキ
Aesculus carnea

トチノキ科トチノキ属　落葉高木
最終樹高：7〜8m
花の鑑賞期：5〜6月

見事な花を存分に楽しみたい

ヨーロッパのマロニエと、北米のアメリカトチノキの交雑種。5月頃、淡い赤花が木全体に咲くのが見事。生長は比較的緩やかで剪定の必要がなく、若木のうちから花付きは良いが、ある程度ゆとりのある場所に植えた方が良い。夏場に高温乾燥で葉焼けを起こし、落葉することもあるが、樹勢には影響ない。イラガ（p187参照）が付くことがあるので注意したい。

ヤマボウシ
Benthamidia japonica

ミズキ科ミズキ属　落葉高木
最終樹高：5〜10m
花の鑑賞期：6〜7月　実の鑑賞期：9〜10月

丈夫で庭づくりには必須

樹形、花、紅葉、実と楽しめ、性質も丈夫で庭木としてはとてもバランスが取れている樹木。近縁種のハナミズキより、花も清楚。夏場に乾燥すると、葉の周りが枯れ込んで弱る。粘土質の土壌だと育ちが悪くなるため、土壌改良をすると良い。病害虫も少ないが樹勢が劣ると吸汁性害虫が誘発する、スス病やテッポウムシが付いたりするので注意。ビギナーにおすすめ。

ヤマボウシ・ホンコンエンシス
Cornus hongkongensis

ミズキ科ミズキ属　常緑高木
最終樹高：5m
花の鑑賞期：6〜7月　実の鑑賞期：9〜10月

スマートで場所を取らない

同属の中では珍しく、耐寒性がある常緑樹。花付きも良く、一般的なヤマボウシと同様、秋に大きな赤い果実が収穫でき、食べられる。日当たりを好み、樹形はあまり広がらずスマートに育ち、刈り込みにも耐えるので、目隠しや生垣にも利用できる。関東では、冬季に多少葉を落とす場合があるが、深みのある濃赤紫に紅葉する。メンテナンスが楽で初心者におすすめ。

mini column 1　育てられる植物の変化

地球が温暖化していると言われていますが、そのことを実感するのが、育てられる植物の変化です。以前は東京でオリーブやシマトネリコは育てられませんでしたが、現在は庭木としてすっかり定番になり、熱帯性の植物が生育できるようになりつつあります。最近はメラレルカを始めとする、オーストラリア系の植物が人気です。植物には環境に適応しようとする力があり、耐寒性がないといわれる植物も、ひと冬越せば持つものです。寒さに耐えるため、常緑植物でも自分で落葉して休眠して、春に芽を出すこともあります。葉が傷む冬だけは、パッキンで根元を覆うだけでも、保温効果はアップしますので、試してみる価値はあります。

構成要素② ミドルツリー（中低木）に適する樹木を選ぶ

ミドルツリーとは、メインツリーよりも小さく、サブの存在となる樹木のこと。メインツリーと構成要素3のフレームを繋ぐ役割があります。メインに落葉樹を選んだ場合は、ミドルは常緑樹に、メインの葉色が濃い色であれば、ミドルは明るい斑入りにするなど、対比させた組み合わせをすると良いでしょう。必ずしもメインツリーの隣に配置しないといけないわけではなく、遠くから庭全体を見たときに、バランスが良ければ離れた場所でも構いません。ミドルツリーの基準は、高さ1.5m以上の中低木。最終樹高が1.5m以上になる木でも、1.5m以下に管理した方が良い木はフレームカテゴリーに入れています。また、狭い空間などでは、多年草であってもミドルツリーとして使えることもあります。

セイヨウニンジンボク
Vitex agnus-castus

クマツヅラ科ハマゴウ属
落葉低木

最終樹高：2〜5m
花の鑑賞期：7〜8月

強健で半日陰にも生育可能

低木といっても、放っておくと高さ、幅ともにかなり大きくなるため、生長を見越して植えるか、落葉期に小さく剪定するのが良い。夏に白、または薄紫色の涼しげな円錐花序をなす花を、次から次へと咲かせる。性質も強健で、花付きがやや悪くなるが半日陰でも生育は可能。乾燥した実は胡椒の代わりに利用することもできる。

バイカウツギ
Philadelphus satsumi

ユキノシタ科バイカウツギ属
落葉低木

最終樹高：2m
花の鑑賞期：5〜6月

清楚な花が魅力で人気が高い

花が梅に似て、茎が中空のため「梅花空木（ウツギ）」と呼ばれる。西日を避けた日なた〜半日陰で育て、植え込み前に腐葉土や堆肥などを施した方がその後の生長が良い。5月頃、純白で清楚な芳香のある花を咲かせる。株元から枝が伸び、乱れた放射状に広がり、放任してナチュラルに育てたいが狭い場合は、花後すぐに切り戻すと良い。

メラレウカ
Melaleuca alternifolia

メラレウカ属
常緑中低木

最終樹高：2〜3m
花の鑑賞期：7〜8月

ソフトな雰囲気が印象的

メラレウカはたくさんの品種があるが、お勧めするのは「アルテルニフォリア」と呼ばれ、初夏に穂状の白い花が咲くタイプで、日当たりと水はけが良い場所を好む。かつて葉をお茶として飲んでいたので、「ティーツリー」とも呼ばれるが、今は強殺菌力のアロマオイルとして利用されている。近種の「センテッドペーパーバーク」も良い。

ブッドレア
Buddleja davidii

フジウツギ科フジウツギ属
落葉低木

最終樹高：2〜3m
花の鑑賞期：7〜10月

シックな花色を選んでみては

7月頃から長い円錐形の花が咲き始め、上側に次から次へと咲いて、花期も長い。花穂が甘く香って蝶が集まるため、「バタフライブッシュ」との異名も。白や紫、ピンク、黄など花色は豊富だが、「ブラックナイト」や「ロイヤルレッド」の濃い花色がお勧め。日当たりを好み、生育旺盛で樹形も暴れるため、落葉期に強剪定して大きさをコントロール。

ハナズオウ・シルバークラウド
Cercis canadensis Silver Cloud

ジャケツイバラ科ハナズオウ属　落葉低木
最終樹高：2～3m
花の鑑賞期：3～4月

変化する花に見とれる贅沢

春、葉が出る前に小さなピンクの花を付け、その後薄ピンクの葉が出てきて、徐々に白色に変化していく。4～7月頃まで、樹木全体を白い葉が覆う姿は圧巻の美しさ。西日が当たらない日なた～半日陰までの場所に適し、7月以降は葉焼けを起こすことが多い。生長は遅く、管理しやすい。近種の、赤紫の葉を持つ「フォレストパンシー」もお勧め。テッポウムシに注意。

ライラック
Syringa vulgaris

モクセイ科ハシドイ属　落葉低木
最終樹高：2～3m
花の鑑賞期：4～5月

フランスでは桜に代わる樹

ヨーロッパ原産。フランスでは、日本の桜のように、「春を告げる花」として親しまれている。「ライラック色」と言われる薄紫から、白、園芸品種の濃紫、赤紫など、色幅も広くある。冷涼な気候を好むため、夏場、南～西日が当たらないところが最適で、日が強い場所だと徐々に枯れ込んでしまうことも。肥沃な土地を好むため、堆肥や腐葉土などを混ぜてから植え込みした方が良い。

レモン
Citrus limon

ミカン科ミカン属　常緑低木
最終樹高：2～4m
花の鑑賞期：5～6月　実の鑑賞期：10～4月

手軽に実も楽しめて便利

寒さに弱いため、露地での栽培はされていなかったが、近年の温暖化で関東沿岸以南でも栽培が可能になった。自家受粉するため、一本でも結実し、実を楽しむことができる。寒風が当たると葉を落とすため、植え付け直後の冬は、場所によって養生が必要になることも。アゲハの幼虫が付くが、大量でなければ樹に影響はないため、農薬を使用せず、大目に見て成虫までの成長を楽しんでみては。

リキュウバイ
Cornus hongkongensis

バラ科ヤナギザクラ属　落葉低木
最終樹高：3～4m
花の鑑賞期：3～4月

剪定要らずで美しく咲く

中国原産で、日本には明治時代後半に入ってきた。横浜のアトリエにも植えてあり、他のどの木よりも新芽の芽吹きが早い。同時に、純白の花が新緑の緑と相まってきれいで、アトリエの春を告げる花になっている。中国原産で日当たりを好み、初夏にイラガが付いたり、梅雨～夏にかけてウドンコ病にかかりやすかったりするが、比較的樹形もまとまり、剪定もほとんど必要ないのでビギナーにおすすめ。

mini column 2　毒性を持つ、身近な植物たち

毒性を持った植物は意外に多いもので、植栽によく使用されるものでは、アセビ、クリスマスローズ、スズラン、ジキタリス、キョウチクトウなど、キンポウゲ科やキョウチクトウ科を中心にした植物に、毒になる成分が含まれています。冬の庭の彩りとして人気のクリスマスローズには、トリカブトと同じ成分のアコチニンが含まれ、葉を食べると嘔吐、腹痛などの症状が出ます。スズランは、花を飾っていたコップの水を誤って飲むと、やはり嘔吐などの症状が起こります。いずれも口にしなければまったく問題はありませんが、ペットなどが誤食しないよう、気をつけた方が良いでしょう。

107

構成要素①～⑤で使いやすい植物について

構成要素 ③ フレームとなる低木や宿根草を選ぶ

メインツリーとミドルツリーによって、高い位置のボリューム感が出ます。フレームはミドルツリーより低い1.5m以下の植物で、ミドルツリーとグラウンドカバーを繋ぐ役割があります。このカテゴリーは、こんもりと茂る植物を中心に構成。1.5m以下の空間にボリューム感や動きを演出します。

メインツリーとミドルツリーは庭全体のバランスを見て植栽選びをしますが、フレームは、それぞれのコーナーごとでのバランスを意識して選びます。広いスペースだと、フレームも1か所でたくさんの種類の植物が必要になります。フレームの中でメインやミドルの役割を考え、動きが出る木、色がポイントになる植物など、良さが引き立て合うフレーム同士を配置すると良いでしょう。

セアノサス・ヴェルサイユ
Ceanothus x pallidus 'Goire de Versailles'

クロウメモドキ科ケアノサス属
落葉低木

最終樹高：1.5m
花の鑑賞期：5～7月

長期間庭に彩りをもたらす
近縁種の常緑のカリフォルニアライラックとは違い、落葉性で育てやすい。花期も長く、薄紫色の円錐花序の花が次々と咲く。人気の高いフレンチハイブリッドの親のひとつ。日当たりを好み、やや広がり気味に伸びていくが、剪定は邪魔になる枝を切り戻す程度で良い。同種のピンクの花が咲く、「マリーサイモン」もおすすめ。

サルビア・クレベランディー
Salvia clevelandii

シソ科サルビア属　耐寒性宿根草
半常緑低木

最終樹高：1.5m
花の鑑賞期：5～7月

夏も花を切らさないために
カリフォルニア原産の低木で、サルビアの中ではやや大型になるタイプ。葉が灰緑色で、清涼感のある芳香があり、花は直立性の穂状花序に、香りのあるラベンダーブルーの花が輪生する。初夏から夏にかけて楽しめる。他の大型サルビア類と同様に、丈夫で育てやすいのでおすすめ。乾燥と日当たりを好み、花後に刈り込むと良い。

フォッサギラ・ブルーミスト
fothergilla gardenia

マンサク科　シロバナマンサク属
落葉低木

最終樹高：1.5m
花の鑑賞期：2～3月

植栽エリアの骨格づくりに
アメリカ南東部原産で、葉の出る芽に芳香のある白い花を付ける。その後名前の通り、楕円形で鋸歯があるブルーがかった灰緑色の葉で覆われる。日当たりを好み、生長は遅く、湿気と水はけが良い肥沃な土地に植えると、本来のきれいな葉の色が楽しめる。コンパクトに育ち、管理が楽なため、植栽エリアの骨格として最適。

フイリコムラサキシキブ
Callicarpa dichotoma (Lour.) C. Koch

シソ科（クマツヅラ科）
ムラサキシキブ属　落葉低木

最終樹高：1～2m
花の鑑賞期：6～7月　実の鑑賞期：9～11月

斑入り葉が半日陰を明るく
ムラサキシキブは斑が入らず、鑑賞期間が短いが、本種は白の斑が入り、花壇内の植物とのコントラストが楽しめ、長く満喫できる。白実のシロシキブもある。初夏に葉脈に咲く薄紫色の花も可憐だが、その後に付ける、たくさんの紫色の果実もかわいい。込み入った枝や伸びすぎた枝以外は軽く詰める程度の方が間延びせず、花付きも良い。半日陰向き。

ギンバイカ
Myrtus communis

フトモモ科ギンバイカ属　常緑低木

最終樹高：2〜3m
花の鑑賞期：5〜7月　実の鑑賞期：9〜11月

茂っても重い印象を与えず

常緑低木としては比較的葉が小さく、軽い印象。葉に独特の芳香があり、肉料理の匂い消しや酒に浸けて祝い酒として利用されることも。秋に黒く熟す実も食用可能。ヨーロッパでは結婚式の装飾に使われ、「祝いの木」の別名がある。日当たりを好み、寒さにやや弱く、寒風に当たると葉を落とし、花が付かなくなる。夏場はハダニに注意。

チェリーセージ
Salvia microphylla

シソ科サルビア属　常緑低木

最終樹高：1.2m
花の鑑賞期：5〜11月

花期が長く花色で楽しめる

「サルビア」とも呼ばれ、この品種の赤色が長く親しまれているが、白やサーモンピンクやクリームなど、花色は多種類ある。性質が強健で、日当たりさえ良ければ、花期がとても長くなり、夏場の乾燥にも強い。霜に当たると枝枯れするがそのままに残し、春に芽吹いた芽の上で切り戻すと、翌年の樹形がまとまる。ビギナーにおすすめ。

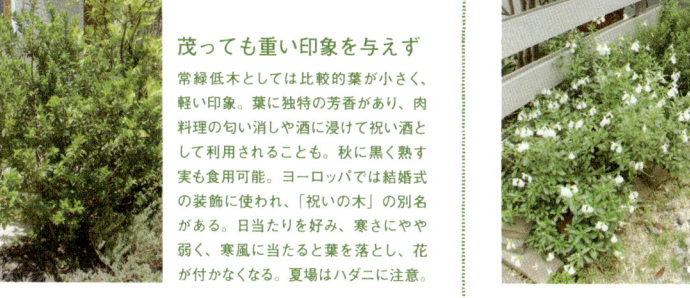

クロヒメアジサイ
Hydrangea serrata f. Kurohime

アジサイ科アジサイ属　落葉低木

最終樹高：1〜1.5m
花の鑑賞期：5〜7月

シックな庭にしたいときに

ヤマアジサイの園芸品種。小型でやや青黒い色の花が特徴で、丈夫で虫も付かず、半日陰でも花を付ける。コンパクトに生長するため、剪定はほとんど必要ない。多年草のギボウシやオダマキなど、紫や白花の品種と組み合わせると、野趣がある落ち着いた庭に。ビギナーにおすすめ。

ロサ・ルブリフォーリア
R.rubrifolia

バラ科バラ属　落葉低木

最終樹高：1.5〜2m
花の鑑賞期：5〜6月　実の鑑賞期：7〜8月

素朴なバラは丈夫で個性的

くすんだ灰紫の葉色が美しい、野生種のバラで、「ロサ・グラウカ」と呼ばれることが多い。初夏に素朴な一重の淡いピンクの花を付け、独特の深みのある葉とのコントラストが美しい。ローズヒップも楽しめ、比較的丈夫で半日陰でも生育可能。株数の多い株立ちとなり、初期は支柱が必要だが、株数が増えると自立する。バラではおすすめ。

ラベンダー・デンタータ
Lavandula denntata

シソ科ラバンデュラ属　常緑小低木

最終樹高：0.5〜1.0m
花の鑑賞期：四季咲き

シャープな印象で引き締める

ラベンダーの中では、もっとも日本の気候に適した強健種。葉は灰緑色で細い葉に鋸歯があるため、「デンタータ（歯のある）」と呼ばれる。イングリッシュ系は蒸れで2〜3年で枯れることが多いが本種は、開花後に定期的に刈り込み、株元の風通しを良くすると、蒸れによる病気を防げる。路地では株元に砂利を撒き、水の跳ね返りを防ぐのが有効。

ゼノビア・プルベルレンタ
Zenobia pulverulenta

ツツジ科ゼノビア属　落葉低木

最終樹高：1.5〜2.5m
花の鑑賞期：4〜5月

落葉性であるが葉は落ちず

アメリカ南東部原産。ブルーベリーに似た印象で、明るい緑色の葉はやや青みを帯びている。温暖な気候だと、秋にもほとんど葉を落とさない。晩春に、スズランに似た芳香のある釣鐘型の花が密に咲くので、別名「スズランの木」と呼ばれる。寒さに強く、肥沃でやや湿り気のある半日陰を好む。日当たりが強いと、葉焼けを起こすので注意が必要。

構成要素④ グラウンドカバーとなる多年草、宿根草、地被類の植物を選ぶ

足元で広がる植物や、マット状に増える植物で、植栽帯に彩りを添えます。壁や床のような人工的な素材がある場合は、境目を隠して構造物同士をつなぎ、自然な雰囲気を演出します。日当たりの善し悪しなどの条件によって、植えられる植物や場所は決まってしまいますが、植栽としてはいちばん楽しめるところ。遊び心で植物選びをしても構いませんし、多少バランスが悪くても、メイン〜フレームの植栽がしっかりしていれば、さほど気になりません。すべての植物を植えた後、もっとも淘汰される植物が多いのが、フレームとグラウンドカバーのゾーン。約2割は淘汰されると考えていて良いでしょう。高さのある花壇の場合は、縁側に植えた匍匐性植物が、グラウンドカバーとしての役割を果たします。

アジュガ
Ajuga reptans

シソ科アジュガ属　耐寒性多年草

草丈サイズ（最盛期）：0.1〜0.2m
花の開花期：4〜5月
花色：紫、ピンク、白

強健のためポイント使いに

繁殖力が旺盛で、ランナーでカーペット状に広がる。葉は赤銅緑色のものが多いが、斑入り種や緑色種のタイプもある。花色も多数ある。他の草花を侵食することがあるので、適度に間引きすると良い。日本原産のこの種で、やや野趣のある「ジュウニヒトエ」は、花が重なって咲く姿を見立て名づけられたもの。初心者におすすめ。

ゲラニウム
Geranium

フウロソウ科フウロソウ属
耐寒性多年草

草丈サイズ（最盛期）：0.2〜0.6m
花の開花期：4〜7月　花色：紫、白、赤、ピンク

花色が豊富で選ぶのが楽しい

たくさんの園芸品種があり、花色も紫を中心として幅広くあっていろいろ選べる。日なたから半日陰を好み、耐寒性もある。夏の高温多湿に弱く、肥沃で木陰のような土地に植えるのが理想的。蒸れると溶けてしまい、長期間群生させるのは難しいので、2〜3年ごとに植え替えても良い。ファエウムは比較的群れに強い。

シシリンチウム
Sisyrinchium

アヤメ科シシリンチウム属
耐寒性多年草

草丈サイズ（最盛期）：0.1〜0.5m
花の開花期：5〜6月　花：紫

群生させて花を咲かせたい

北アメリカ原産であり、帰化植物のひとつ。日本でも野原で見かけるニワゼキショウの仲間で、株数が増え広がる。葉の状態ではあまり目立たないが、群生させると春に紫色の花が見事に咲く。過湿や蒸れに弱く、日当たりと水はけの良い土壌を好む。花壇の最前列にグルーピングして植えると良い。

ダイコンドラ
Dichondra

ヒルガオ科ディコンドラ属
半耐寒性多年草

草丈サイズ（最盛期）：0.1m
花の開花期：4〜8月

日当たり困難でも生育可能

丸いハート型の小さな葉を密に付け、茎は横に這うように広がる。冬は葉が傷んで見苦しくなるが、関東より西の地域なら枯れない。性質は強健で、芝が育たないような、半日陰の湿度の高い土地でも生育するため、日当たりが悪い通路のグラウンドカバーに適している。シルバー葉の種があるが基本種より弱く、半日陰では育たない。

フウリンオダマキ
Semiaquilegia ecalcarata

キンポウゲ科ヒメウズ属
耐寒性宿根草

草丈サイズ（最盛期）：0.3〜0.5m
花の開花期：4〜6月
花色：紫、ワインレッド、白

清楚な姿のわりに丈夫な種

中国原産で、近種のオダマキよりも小型になる。紫、ワインレッドと白のグラデーションがかわいい可憐な花を咲かせ、花期も比較的長いので存分に楽しめる。暑さにやや弱いため、夏場の直射日光が当たらず、排水と保水のバランスが良い場所に植栽すると良い。オダマキの中では、僕が個人的にいちばん好きな品種。

キャットミント
Nepeta x faassenii

シソ科イヌハッカ属
半耐寒性多年草

草丈サイズ（最盛期）：0.5〜0.8m
花の開花期：5〜8月
花色：白、紫、ピンク

長期間、庭を彩る花が魅力

葉は灰緑色で、丈夫で花期も長い。花色はバリエーション豊富で、日当たりが良いとこんもりと茂るが、悪いと間延びしてだらしなくなる。花が終わったら、株元近くまで切り戻して通風をはかると良い。猫を引き付けるキャットニップは、本種の交配元の親株で、本種は猫を引き付けることはない。ビギナーにも楽に生育できておすすめ。

タイム
Thymus

シソ科イブキジャコウソウ属
常緑小低木

草丈サイズ（最盛期）：0.1〜0.3m
花の鑑賞期：4〜7月　花色：ピンク、白

斑が明るさを与え引き立つ

約350種ある多年草、あるいは小低木で、日当たりを好み、耐寒性もある。人工土壌のような腐植質を加え、保水力を高めたやや砂質の土壌でもっとも良く育つため、屋上緑化で使用すると非常に大きくなる。花色はピンク、白系で、葉も白斑、黄斑と種類が豊富。段差がある、花壇のエッジ部分やステップ脇などに植えると効果的。

ワイヤープランツ
Muehlenbeckia compiexa

タデ科ミューレンベッキア属
常緑匍匐性小低木

草丈サイズ（最盛期）：0.5〜2.5m
実の鑑賞期：4〜5月

強健さに圧倒されるほど

ニュージーランド原産のよじ登り植物で、分岐が非常に多い。暗紫色の細い茎に半落葉性のブロンズグリーンの小葉が付く。寒さにやや弱いが非常に強健で、頻繁に間引きをしないと他の植物が覆われてしまう。半日陰や湿潤、乾燥問わず旺盛に伸びる。白色の目立たない小花が春に咲き、実を付ける。丈夫という点でビギナー向き。

mini column 3　宿根草と多年草は何が違う？

多年草は常緑多年草と宿根草に分かれます。宿根草は、休眠期に上部が枯れてなくなってしまう植物のこと。主に冬に休眠する植物が多いですが、タイツリソウのように夏に休眠し葉を落とすものもあります。冬に休眠する宿根草は落とした葉を布団のようにして根を守るため、本来は枯れた葉を残しておいた方が良いとされています。

　球根植物も多年草です。球根植物は雨期と乾期がある地方が原産です。雨がない時期を乗り越えるために、上部を枯らして球根に栄養分を貯めながら休眠して、悪い時期を乗り越えていくのです。

構成要素 ⑤
壁や地面を覆うつる性や匍匐性植物を選ぶ

フェンスやパーゴラなどの構造物に絡ませて、自然でやわらかな雰囲気を出す植物です。パーゴラに絡ませる場合は、強すぎる日差しを和らげる効果があります。

構造物は高い位置にあることが多く、大きな樹木を植えられるスペースがない庭では、絡ませたつる性植物をメインツリーとして扱うこともあります。その場合は、構造物のデザイン時や設置時、メインツリーの配置決めの時に、何を植えるかを決定します。地面を覆わせる場合は、グラウンドカバーと同時で構いません。つる性植物は生長が旺盛なものが多いため、早く構造物に馴染み、自然な雰囲気を演出してくれます。木とは異なり、高さが這わす構造物によって決まってくるため、剪定などの管理がしやすいのも特徴です。

ツルハナナス
Solanum jasminoides

ナス科ナス属　常緑つる性低木

草丈サイズ（最盛期）：3〜6m
花の開花期：7〜10月
花色：白〜薄青色

鬱蒼とした緑を演出できる

ブラジル原産のつる植物。花の咲き始めは白色で、徐々に薄青色に変化する。寒さにも比較的強いが、冬季寒風にあたると枝が黒ずんで傷む。関東以南では越冬可能で、日なた〜半日陰まで生育し、病気も少なく育てやすい。軒下や風通しが悪い場所に植えると、カメムシが大量発生することがあるので注意が必要。ビギナーにおすすめ。

キヅタ
Hedera rhombea

ウコギ科キヅタ属
常緑つる性低木

草丈サイズ（最盛期）：約60cm〜3m程度
花の開花期：6月／花色：白

日本産のヘデラがおすすめ

日本産ヘデラで、茎から多数の気根を出して木や壁をよじ登る。一般的なヘデラ（アイビー）と良く似ているが、ヘデラより生長が遅く、登攀性が高い。また、花を付けて翌年に黒く熟す果実は鑑賞性が高く、「アイビーベリー」として切り花で扱われる。木造建築には不向きだが、擁壁や壁へ広げ、植栽の背景の緑としては抜群である。

ブラックベリー
Rubus fruticosus

バラ科キイチゴ属　落葉低木

草丈サイズ（最盛期）：3〜8m
花の鑑賞期：4〜6月
実の鑑賞期：6〜8月

ビギナーにぴったりの果樹

北半球原産の低木。日当たりを好むが、半日でも日が当たる場所なら栽培可能。白、もしくはピンクの5弁花が咲き、古い枝には実を付けず、今年勢い良く伸びた枝先に来年の実がなるため、毎年冬には新しい枝を残して剪定すると良い。性質は強健で、ウドンコ病になる程度で、農薬を使用せず栽培できる果樹としてビギナーに最適。

コバノランタナ
Lantana montevidensis

クマツヅラ科ランタナ属　常緑小低木

草丈サイズ（最盛期）：3m
花の開花期：5〜12月
花色：白、黄、ピンク

広い面積を覆いたいときに

南アメリカ中東部原産。ランタナは木立性だが、本種は匍匐性で花期が長く、関東以南では露地で越冬も可能。冬から新芽が出る春先までは見苦しい姿が続くが、花色は白、黄、ピンクとあり、虫もつかず、非常に丈夫で育てやすい。高さのある場所から下垂させたり、広い面積を匍匐させるのも良い。黒く熟す実は有毒なので注意。

イワガラミ
Schizophragma hydrangeoides

アジサイ科イワガラミ属
落葉つる性木本

草丈サイズ（最盛期）：10〜15m
花の開花期：5〜7月
花色：白

壁を這うさまが叙情的とも

幹や枝から気根を出して木や壁を這い上がる。梅雨時期にガクアジサイのような白い花を咲かせる。ツルアジサイは暑さを嫌って暖地では育てにくいが、本種は比較的育てやすく、花も望める。暑さや乾燥を嫌うため、一日中日が照り付けるところよりも、やや半日陰の方が生育に向いている。また、新芽は山菜として食用できる。

プルンバーゴ
Plumbago Auriculata

イソマツ科プルンバーゴ属
常緑つる性木本

草丈サイズ（最盛期）：3〜5m
花の開花期：6〜10月
花色：白、水色

フェンスに誘引して楽しむ

幹や枝を他の樹木に絡ませ、這い上がっていく、つる性植物。涼しげな水色、または白色の花が6月以降、長期間に渡って楽しむことができる。冬季霜に当たると葉を落とし、枝先から枯れ込むことがあるが、関東以南では完全に枯死することは少ない。日当たりを好むため、高い場所からの下垂やフェンスなどへ誘引すると良い。

クレマチス・モンタナ
Clematis montana

キンポウゲ科クレマチス属
常緑および落葉つる性本木

草丈サイズ（最盛期）：5〜8m
花の開花期：4〜5月
花色：白、ピンク

庭を花で覆いたいときに

中国西部〜ヒマラヤ地方原産。クレマチスの中ではもっとも強健種の中のひとつ。春先に、葉の展開前に咲き、多花性なので株全体が花で覆われて美しい。日当たりを好み、前年枝に花芽が付くため、ほとんど剪定は必要なく、大きさを抑える程度で良い。暖場では夏場に、高温多湿が原因となって立枯病になることがある。

ハニーサックル
Lonicera japonica

スイカズラ科　スイカズラ属
常緑つる性低木

草丈サイズ（最盛期）：8〜10m
花の開花期：5〜9月
花色：白〜黄

悪条件にも耐えるつる植物

ヨーロッパ、または日本原産。常緑（寒冷地では葉を落とす）で非常に強健で土壌を選ばず、初夏から秋にかけて芳香のある花を咲かせる。日当たりを好むが生育旺盛のため、日陰に植えても、上部を日が当たる場所まで誘引することで栽培できる。伸び過ぎると見栄えが悪くなる傾向があるので、花後にバッサリと切り戻しても良い。

mini column 4　木本と草本の違いとは？

茎が木質化して肥大生長するのが木本で、しないものが草本に分類されます。バナナは巨大になりますが、木質化しないので草本、一見すると草本のようなローズマリー、ラベンダーは木本です。ワイヤープランツ、タイム、ツルハナナス、ブラックベリー、クレマチス、アイビーなども木本類。サルビアでは、メドーセージは草本で、コモンセージは木本。木本の場合は根元まで刈り込むと新芽が出てこなくなるため、注意しましょう。

構成要素①〜⑤で使いやすい植物について

環境や要望の条件別に対応した植物選び
それぞれの条件を満たす植物リスト

環境に合わない植物を植えて枯らしているばかりでは、庭はいつまでたっても良い空間になりません。
庭を緑豊かな空間にできるよう、庭の環境条件別に育てやすい植物を選んでみました。
どれも『BROCANTE』の庭づくりの経験に基づき厳選したものですので、育ててみる価値はあるはずです。

環境に合わせた植物を選び、豊かな土で元気に育てる

　日照条件や水はけ、風当たりなど、庭の環境はそれぞれ異なります。ここで挙げた植物は、今まで『BROCANTE』が何百もの庭を手がけてきて、かなり厳しい環境でも絶えず育った、優秀な植物ばかりです。日本の気候風土にも適応し、比較的容易に育てられるものがほとんどですので、植栽選びの際は、ぜひこの植物リストを参考に選んで、育ててみてください。

　最終樹高は、路地栽培で放任した場合に、このくらいになるというもので、あくまでも目安。立地条件によっても変わりますし、剪定もしていくので、庭の環境に合わせた大きさに保てます。文末の①〜⑤の数字はp102〜113の構成要素①〜⑤とリンクしています。

　また、植物を育てる際に気にかけたいのが土づくりです。水と日光、土は植物の生育に欠かないもの。植物を元気に育てるのに、土づくりはとても大切。僕が植栽をするときも、堆肥や腐葉土を施しています。適量の堆肥や有機物を混ぜ、生育が悪ければまた足します。環境に合わせた植物選びと土の改良で、植物を元気に育てましょう。

対応植物 ①-1　日当りが悪い場所に適応するもの

　日当たりの悪い環境の中でも、半日陰であれば、育てられる植物はたくさんあります。半日陰の定義は、日は当たらないが、壁等の遮蔽物が2m以上離れている環境、もしくは、一方が隣接していても他方は離れている環境、隣接していても1日のうち1〜2時間でも日が当たるような環境です。壁に囲まれ、日が当たらない場所がいちばん暗く、このような環境では、植物の生育は難しくなります。自分の庭がどの程度の日陰なのか分からない場合は、多めに植栽してみましょう。淘汰され、枯れるものも出てきますが、その場所に合う植物は自然に残りますので、実験するつもりで育ててみるのも良いでしょう。例えば、春〜秋は日が当たるけれど、冬は当たらないという環境であれば、冬に休眠するアジサイなら育てることができます。

　また、対処法として反射光を利用する手もあります。フェンスなどの構造物を白く塗装すれば、反射光を利用できます。ここで紹介した植物のほか、セレギネラ、モミジ、シャガ、シュウメイギク、ツユクサ、ミョウガ、ホタルブクロなどもおすすめです。

アジサイ'アナベル'
Hydrangea arborescens 'Annabelle'

アジサイ科アジサイ属
落葉低木

最終樹高：0.5～1.5m
花の鑑賞期：5～7月　花色：白、ピンク

ビギナーに特におすすめ
北米原産。非常に強健で虫や病気もほとんど付かず、日当たりがかなり悪くとも生育し、花をつけてくれる。緑から白、また緑へと花色を変化させて咲き、花期も長く楽しめる。他のアジサイと違い、春に花芽を付けるので、冬場に切り戻しもできる。最近では、ピンク花種も出回っていて、すべてにおいて優秀な植物。／③

アスチルベ
Astilbe xarendsii

ユキノシタ科アスチルベ属
耐寒性宿根草

草丈サイズ（最盛期）：0.5～1.5m
花の開花期：5～9月　花色：白、ピンク、赤色

こんもり育つ宿根草
日本のチダケサシや中国のシネンシスなどの、東アジア温帯に分布する種の交配種の総称。病虫害もほとんどなく、こんもりと茂って手間がかからない。腐植質の多い湿り気のある場所が理想だが、乾燥に注意すればそれほど土壌を選ばない。花色は白、ピンク、赤色と多色ある。コンパクトな宿根草なので春植え球根と混植すると良い。／②

エゴノキ
Styrax japonica

エゴノキ科エゴノキ属
落葉小高木

最終樹高：7～10m
花の鑑賞期：5～6月

可憐な白花が咲く雑木
5月頃、房状に芳香のある白い花を多数付け、下向きにややつぼみ加減で咲く。雑木林でよく見かけ、根元から幹が何本も出る株立ちになる。性質は極めて強健で、枝数は少なくなるが日当たりがかなり悪い場所でも育つ。強剪定を繰り返すと本来の木のやわらかさが失われるため、間引きや株数を減らしたり、広い場所で育てたい。／①

ソヨゴ
Ilex pedunculosa

モチノキ科モチノキ属　常緑小高木

最終樹高：5～10m
花の鑑賞期：5～6月
実の鑑賞期：9～12月

狭い北側の目隠しに最適
日本の常緑広葉樹の中では、比較的葉が少なく軽い印象で、風にそよぎ、葉音がすることから、この名前が付いた。雌雄異株で、雌木は赤い実を付けるが密生しないのでかわいらしく、冬でも楽しめる。耐陰性、耐寒性がともにあり、生長が遅いため、管理も楽。北側の場所や狭いスペースの目隠しにも向いている。／①

ビンカミノール
Vinca minor

キョウチクトウ科ツルニチニチソウ属
常緑半低木

最終樹高：0.1～0.2m
花の鑑賞期：4～6月　花色：青紫、赤紫、白

日陰の隙間に入り込む
常緑で耐陰性があり、日当たりが悪い土地でも旺盛な繁殖力でつるを伸ばして、マット状に広がる。適度に日が当たれば、春から初夏にかけて星形の花が咲く。花色はバイオレットブルー、ワインレッド、白があり、葉は黄斑や白斑が入る品種もある。広がりすぎる場合があるので、定期的に、適度に切り詰めると良い。／④

ホソバアオキ
Aucuba japonica f. longifolia

アオキ科／ミズキ科アオキ属
常緑低木

最終樹高：1.5～2.0m
花の鑑賞期：3～5月

使い方次第で洋樹にも
非常に耐陰性のある常緑樹。基本種よりも葉が細いので、軽い印象がある。雌雄異株で、雌木は秋口に色付いた赤い実が年を越して春まで残り、冬に彩りを与える。日本原産のため、和風なイメージだがヨーロッパでは日陰の条件下でよく利用されている。黄斑のタイプもあり、組み合わせや背景によって和のイメージを払拭できる。／③

対応植物 ①-2　日当りが悪い場所を明るい印象にする植物

明るい印象をつくる植物は、斑入りや葉色の薄いもの。葉焼けするため、日差しが強い場所には向きません。ここで挙げたのは、コントラストが美しい斑入りの植物。エゴポディウムのように、こんもりと茂るものを同一品種でグルーピングすると、印象的で力のある植え込みになります。華奢な印象のヤツデ・ツムギシボリは、造形美を感じさせる品種。コンクリート打ちっぱなしのモダンな空間などに似合いそうです。ただし、斑入り葉の使いすぎはうるさい印象になるため、ポイント程度に抑えましょう。

このほか、アオキ、ヤブラン、フッキソウ、ハクリュウ、カレックスなどの斑入り種、ニセアカシア、ネグンドカエデ'フラミンゴ'、イカリソウ、ギボウシなどの、ライムや黄葉タイプなどもおすすめです。

エゴポディウム・バリエガタ
Aegopodium podagraria 'variegatum'

セリ科エゴポディウム属　耐寒性宿根草

草丈サイズ（最盛期）：0.3〜0.8m
花の開花期：6〜7月
花色：白

群生させると見応えが

日本でも、雑草として一部の地域で野生化している「イワミツバ」のことで、原産はヨーロッパ。本種はその白斑入り種となる。肥沃で多湿な土地を好み、日当たりよりも、林の下のような半日陰が適しており、マット状に地下茎で広がる。レースフラワーに似た白い花が咲く。若葉は高濃度のビタミンCが含まれ、食用になる。／④

ニシキシダ・ピクタム
Athyrium niponicum pictum

イワヤツデ科メシダ属
耐寒性宿根草

草丈サイズ（最盛期）：0.5〜0.6m

グラデーションを楽しむ

日本に広く分布する「ニシキシダ」の選抜種。新葉が金属質の灰色に赤や黒が滲み、一株で色のグラデーションが出るので非常に美しい品種。日本の土壌に合っており、地下茎で伸びる小型種なので、管理も楽。半日陰が適し、気温や日照、湿度によって葉色や葉の大きさが変化する。冬は上部が枯れる。初心者に最適な品種。／④

ヤツデ・ツムギシボリ
Fatsia japonica (Thunb.) Decne. et Planch.

ウコギ科ヤツデ属
耐寒性常緑低木

最高樹高：2〜3m
花の観賞時期：10〜11月

明るい葉で和の印象を払拭

葉に白の霜降り状の斑が散開し、とても美しい品種。春の新芽時は全体が白っぽくなり、その後、徐々に緑と白の霜降り状になる。秋には白い花を開花し、黒い小さな実をつける。耐陰性も高く、非常に丈夫で育てやすい。直射日光に当たると葉焼けを起こすので注意。近品種に、白い斑が入る「フクリンヤツデ」、不揃いに黄色い斑の入る「キモンヤツデ」がある。

ラミウム・ガレオブドロン
Lamiastrum.galeobdolon

シソ科オドリコソウ属　常緑多年草

草丈サイズ（最盛期）：0.2〜0.4m
花の開花期：3〜4月
花色：黄

ビギナーにおすすめの地被

ユーラシア原産。白い斑が入った卵型の鋸歯を持ち、つるを伸ばす。花期は短いが、春に花茎が立ち上がって、黄色いシソ科特有の花を付ける。半日陰で肥沃な土壌が理想的だが、立地もそれほど選ばずよく育ち、非常に強健なので、ビギナーにおすすめ。ランダムに広がった斑入りの葉が、通年、日陰の緑の中でポイントになる。／④

対応植物 ①−3 日当りが悪い場所でも実をつける果樹

庭で実った果実を収穫して食べるのは、本当に楽しいことです。紹介した3種は、これまでの施工例の中で、かなり日当たりの悪い環境にも適応する貴重な果樹。肥料を特別多くする必要はありませんが、土壌のバランスを良くすると生育が良くなります。株を選ぶ際は、理想のサイズに合う、頑丈なものを選びます。小さい苗を購入して大きく育てようとしても、条件が良くない環境では、育たない可能性もあるので、体力のある大きな株を購入した方が良いのです。種から育てた本ユズは実がつくまで7〜8年かかるため、実付きの早い、接ぎ木タイプの1才ユズを選びます。また、つる性のブドウやアケビ、ラズベリーなどは、株元の日当たりが悪くても、1〜2年後に日の当たるところに誘引すると、収穫が期待できます。

ジューンベリー
Amelanchier Canadensis

バラ科ザイフリボク属
落葉低木〜小高木

最終樹高：5〜8m
花の鑑賞期：3〜4月
実の鑑賞期：5〜6月

庭の楽しさを教えてくれる木
北アメリカ東部の種。西日と乾燥には弱いが、日当たりが悪い場所でも花を咲かせ、自家受粉で一本でも実をつける数少ない樹。毛虫が付くことがあるが、病虫害にも比較的強く、葉の付きも少なく、やわらかい印象になる。メインツリーとして大きくしても、株立仕立てのミドルツリーとしてコンパクトに育てても良い。実は生食でも、ジャムにしても美味。ビギナーに特におすすめしたい、非常に優秀な樹木。／①

ブルーベリー・ラビットアイ
Vaccinium ashei

ツツジ科スノキ属　落葉低木

最終樹高：1.5〜3.0m
花の鑑賞期：4〜5月
実の鑑賞期：6〜8月

日当たり悪でも収穫を
アメリカ南東部原産。落葉低木だが温暖な地域では半常緑となる。暖地でも花付きが良く、一品種でも結実する。酸性の土壌と西日を避けた日当たりを好むが、日当たりが悪い場所でも開花、結実する。水切れに注意し、ピートモスを施しさえすれば場所を選ばず、病虫害もほとんどなく管理しやすい。ビギナーに特におすすめ。／②

ユズ
Citrus junos

ミカン科ミカン属　常緑低木

最終樹高：2〜2.5m
花の鑑賞期：5〜6月
実の鑑賞期：9〜12月

冬でも果実が彩りを
柑橘類の中では寒さにも強く、丈夫で育てやすい。日当たりを好むが、半日陰でも比較的花を付け、自家結実性があるので収穫もできる。棘があるので剪定がやや大変だが、高さを抑えて絡んだ枝を間引き、横に広がるようにすると実が付きやすくなる。成木で花が付かない場合は、2〜3本断根すると効果がある。／②

対応植物 ①−4　日当りが悪い場所を明るい印象にする植物

　ハゴロモジャスミンは、日当たりの悪い環境でも生長し、花も咲かせてくれます。強健で根が旺盛に伸び、日向では非常に大きくなりすぎるため、日陰の庭にはちょうど良い植物。芳香を放つ花や薄い葉もかわいらしくて魅力的です。テイカカズラやヘデラは、葉に厚みのある常緑の植物。小さなスペースなら、葉の小さなテイカカズラが似合います。このほか、ヘデラなら、ヘリックスやコルシカなどもおすすめ。カナリエンシスのように葉の大きなヘデラは、背景として使い、花物をプラスすると良いでしょう。また、花付きは悪くなりますがツルハナナスも生育可能です。

テイカカズラ
Trachelospermum asiaticum

キョウチクトウ科　テイカカズラ属
常緑つる性低木

草丈サイズ（最盛期）：5〜6m
開花期：5〜6月　花色：白、黄

場所を選ばずどこでも誘引
初夏に、白色から黄色に変化する独特の芳香を放つ花を付ける。日なた〜日陰まで、場所を選ばず育つが日陰だと花付きが悪い。伸びすぎを切り、ボリュームが出てきたら刈り込んでも良い。鉢植えの場合は、肥料分が切れると葉色が悪くなるが、地植えの場合はほとんど施肥は必要なし。病害虫は付かず、ビギナーにぴったり。／⑤

ハゴロモジャスミン
Jasminum polyanthum

モクセイ科ソケイ属　常緑つる性低木

草丈サイズ（最盛期）：3〜5m
開花期：4〜5月
花色：白

北側フェンスに可憐な花を
中国雲南省原産の強健な常緑つるで、日当たりの悪いフェンスに最適。早春に蕾が赤く開くと、白色になる強い香りを放つ花を咲かせる。低温に当たらないと花芽が付かないが、0度以下になると逆に痛み、蕾が枯れ、花が咲かなくなる。日当たりの良い場所に植えると生育が旺盛すぎて管理が大変になるので植え場所に注意が必要。ビギナーにおすすめ。／④

ヘデラ・カナリエンシス
Hedera canariensis

ウコギ科ヘデラ属
常緑つる性低木

草丈サイズ（最盛期）：8〜10m

落ち着きを与える濃緑壁
アフリカ北部及び、カナリア諸島原産。どこでも一度は目にしたことがある定番種。強健で耐陰性、耐寒性を兼ね備える。壁面の緑化、特に広い面積をグリーンで覆いたいときには最適。登はんするため、初期はワイヤーや紐で誘引し、伸びすぎた枝を間引く必要があるが、管理はその程度で楽。濃い緑が庭のベースとして機能する。／⑤

対応植物 ①−5　日当りが悪い軒下で植栽可能な植物

　軒下は雨や夜露に当たらず、土が乾燥し、葉が洗い流されることもないため、病気にかかりやすくなります。さらに日当たりが悪い場所となると、乾燥に強く耐陰性が高い植物を選ぶ必要があります。紹介した3種のほか、アガパンサス、レインリリー、リュウノヒゲ、ノシラン、アオキなどがおすすめ。根塊（こんかい）になった根に栄養が蓄えられる植物が多く、とても強健です。また、ランナーで広がるビンカミノール、ワイヤープランツも良いでしょう。これらは実際の庭では建物の基礎周りを隠すために使います。ヤブランはグルーピングして植栽すると、とてもきれいです。

グレコマ
Glechoma hederacea

シソ科カキドウシ属
半耐寒性常緑多年草

草丈サイズ（最盛期）：0.1m〜0.2m
開花期：4〜5月　花色：紫

隙間に広がるかわいい丸葉
日本の「カキドウシ」の仲間で「斑入りカキドウシ」とも呼ぶ。葉に芳香があり、生育が旺盛。地を這うようにのびる茎は、他のグランドカバーの隙間に潜り込んでいくので、広げたくない場合は切り戻す。春に小さな紫色の花を咲かせ、葉は美しく通年観賞でき、寒さに当たると赤く色付く。夏場の蒸れによる傷み、ハダニに注意。／④

シラン
Bletilla striata

ラン科シラン属　耐寒性宿根草

草丈サイズ（最盛期）：0.3～0.8m
開花期：3～5月
花色：紫、白、ピンク

日陰でもボリューム良く生育

春に赤紫色の花を咲かせる野生ラン。養分を貯め込んだ地下茎（偽鱗茎（ぎりんけい））ができるため、丈夫で年々株が肥り増えていき、ボリュームのある群落を形成する。紫色のランなので、この名前で呼ぶのだが、白や淡いピンクなどの花色もある。日当たりを好むが、湿り気のある土壌においては日陰でも生育する。／③

ヤブラン
Liriope muscari

ユリ科ヤブラン属　耐寒性常緑多年草

草丈サイズ（最盛期）：0.3～0.5m
開花期：8～10月
花色：11～12月

日陰でもしっかり根付く

東アジア原産。葉に黄色い筋が入る斑入り種もある。年々株は大型になるが葉が傷みやすく汚くなるため、花の終わった冬に葉を根元付近から切り取ると、春先にきれいな新芽だけが上がり、美しく、大きさもコントロールできる。秋口に咲く花もはっきりした紫色が目立ち、地味だが群生すると見応えがある。／④

対応植物②-1　日当りが良すぎる軒下の場所に適した植物

南西向きの環境は日当たりが良く、とくに西日が強いのが特徴。植物にとってはかなり過酷な条件です。アガパンサスやツルバキアは南アフリカ原産で、乾燥や日差しに強いので、乾燥した軒下での生育も可能。原産地は生育の目安になりますので、購入する際に参考にしましょう。

逆に考えれば、軒下は霜が避けられる環境です。耐寒性のない植物も育てることができますので、カリフォルニアライラックや熱帯性のブーゲンビレアなどもおすすめ。湿気を嫌うラベンダーも良いでしょう。

アガパンサス
Agapanthus

ユリ科アガパンサス属
耐寒性多年草　耐寒性多年草

草丈サイズ（最盛期）：0.5～1.0m
開花期：6～8月　花色：白、紫、青

特におすすめの常緑多年草

南アフリカ原産。冬に地上部が枯れる小型タイプと、常緑の大型タイプがある。花色は白、紫、青とあり、黒味がかかった青色のセナや、白に薄紅の入るチェリーミルクがおすすめ。とにかく丈夫で、管理も何もしなくても株がどんどん増える。3～4年で株が増えすぎたら、花後に切り分けると良い。多少乱暴に扱っても問題なし。／③

ツルバキア
Tulbaghia

ユリ科　ツルバキア属　春植え球根

草丈サイズ（最盛期）：0.5～0.8m
開花期：5～8月
花色：白、ピンク

かわいい星形の花咲く球根

南アフリカ原産の球根植物。荒れ地でもよく育ち、半日陰でも生長する。葉や茎を切るとニンニク臭が気になるが、花は星形の白やピンク色でかわいく、日当たりが良いと花付きも良くなり、花期も長い。霜に当たらなければ常緑で育ち、管理も株が増えてきたときに行う、株分けや間引き程度。葉に縞が入るシルバーレースもある。／④

マンネングサ
Sedum

ベンケイソウ科マンネングサ属
多肉植物

草丈サイズ（最盛期）：0.1～0.2m
開花期：品種による

カーペット状のグリーンなら

一般に、多肉植物の「セダム」とも呼ばれ、多数の品種がある。メキシコマンネングサ、マルバマンネングサがよく知られている。日当たりを好むが半日陰でも育ち、カーペット状に広がるので、ステップやテラスの隙間に植えると良い。葉の一部がちぎれたものを土に埋めておくだけで根付くので、一株あればかなり広がる。／④

対応植物 ②−2 日当りが良すぎる上に風が強い場所に耐えうる植物

日当たりが良く、風当たりが強い立地は、高台や海辺、屋上、高層マンションのベランダなどが当てはまります。それほど悪条件ではありませんが、予想以上に土が乾きやすいため、1日でも水やりを怠ると植物が枯れてしまうこともあります。夏なら朝の水やりを忘れたら、夜に与えても構いませんし、定期的な水やりに自信がなければ、灌水装置をつけて管理するのも良いでしょう。

紹介した植物以外に、オレガノ、タイム、セージ、サルビアなどのハーブ系もおすすめです。イネ科、リュウゼツラン、[対応植物2−1]で選んだものを使っても良いでしょう。

ウエストリンギア
Westringia fruticosa (=W.rosmariniformis)

シソ科ウエストリンギア属
常緑低木

最終樹高：1.0〜2.0m
花の鑑賞時期：4〜10月　花色：薄紫

柔らかい印象の常緑低木

「オーストラリアンローズマリー」とも呼ばれ、ローズマリーに似た葉や花の形をしているが、本種の方が丈も大きく、葉付きも薄くやわらかい印象になる。春から夏にかけて、青みがかった花を咲かせる。耐寒性がやや劣るため、場所によっては寒風にさらされると葉が傷む。ただ、管理は比較的楽で砂地でも育ち、潮風にも耐える。ビギナーにもおすすめ。／③

コンボルブルス
Convolvulus sabatius

ヒルガオ科コンボルブルス属
耐寒性多年草

草丈サイズ（最盛期）：0.1〜0.2m
花の開花期：5〜9月　花色：白、薄紫

高さのある花壇には最適

温帯から亜熱帯にかけて200〜250種が分布。花後に枯れてしまう一年草と、冬を越して毎年花を咲かせる多年草の2タイプがあるが、ここでは多年草の「サバティウス」をおすすめする。暑さに強く、寒さに弱いが日当たりが良い場所では零度近くても大丈夫。白と薄紫の花は、どちらもさわやかで長期間楽しめる。出荷期間が短く、見つけたら即購入。／④

ローズマリー
Rosmarinus officinalis

シソ科ローズマリー属
常緑低木

最終樹高：0.5〜2.0m
花の鑑賞時期：4〜6月　花色：紫、ピンク

使用頻度ナンバーワン

常緑で丈夫で暑さ寒さに強く、花も咲いて料理にも使える。通年、庭の骨格になってくれるので、日が当たる立地なら必ず使うようにしている。品種も下垂性〜立性とあり、花色も紫、ピンクと多数あって植える場所によって使い分ける。メンテナンスも、とにかく刈り込めば良いので、ビギナーでも安心。夏場のハダニだけは注意が必要。／③

ロータスヒルスタス・ブリムストーン
Lotus Hirsutus 'Brimsutone'

マメ科ミヤコグサ属　耐寒性多年草

草丈サイズ（最盛期）：0.5〜1.5m
開花期：6〜8月　花色：白〜ピンク

ライムグリーンの優しい葉

地中海沿岸原産。根元付近から分岐し、こんもりと横に丸く広がる。銀白色の毛で覆われた明るい緑の葉で、とてもかわいらしい。初夏に薄いピンクを帯びた白い花が咲き、結実して褐色の実を付ける。耐寒性、耐暑性ともにあるが蒸れに弱いため、立ち上がった花壇以外に、地植えの場合は花が咲き始めたら、刈り込み株の風通しを良くする。／③

ロシアンオリーブ
Elaeagnus angustifoloa

グミ科グミ属　落葉小高木

最終樹高：4〜6m
花の鑑賞時期：5〜6月
実の鑑賞時期：7〜8月　花色：黄

シルバーリーフが美しい

葉はオリーブに似ている、シルバーリーフが特徴。目立たないが、初夏に小さな香りの良い黄色の花を付け、その後、果肉のある実を付ける。果肉は甘く飲料やジャムに用いられる。成長がとても早く、暴れやすい。そのため、メインにする場合は、通年、主軸の幹を残して、周りは整理剪定していくと良い。萌芽力が強く、棘があるので、落葉樹の生垣としても面白い。／①

対応植物②-3　日当りが良すぎる場所での鉢植え栽培可能な植物

つる性植物を鉢植えで管理すると、生育が限定されるため、地植えでは旺盛に生長するハゴロモジャスミンでも、緩やかに生長させることができます。鉢植えなら、ベランダでの生育も可能です。マンションのベランダなら、アイアンフェンスやトレリスを設置して、それにつるを絡ませると良いでしょう。木製の扉などに絡ませたい場合は、板に針金を渡し、そこに誘引することも可能です。このほか、テイカカズラ、ヘデラ、クレマチス・モンタナなども可。クレマチス・モンタナは、暑さで立ち枯れしてしまうことが多いため、鉢を大きくしたり、灌水装置をつけたりして対処しましょう。

ブドウ
Vitis vinifera

ブドウ科ブドウ属　つる性低木

最終樹高：5〜10m
花の鑑賞時期：5〜6月
実の鑑賞時期：9〜10月

やっぱり実ものがほしい

世界でもっとも多く生産されている果実で、品種も数千とある。乾燥に強く、地植えはもちろん、鉢植え栽培可能。ビギナーにはアメリカ種のキャンベルやデラウェアが育てやすくおすすめ。病虫害の影響が出るときもあるが、果実を売るのではないため大目に見て管理すると良い。実がなった姿も良いし、酸っぱくても実のなる喜びを味わえる。／⑤

対応植物③　冬のシーズンでも庭を楽しむために選びたい植物

緑の少ない冬に見頃を迎える植物。冬の定番であるクリスマスローズは花色のバリエーションが豊富、丈夫で扱いやすく、初心者にもぴったりな多年草です。センダンは落葉高木ですが、枝にぶら下がる実がとてもかわいらしいのでおすすめ。同様にアロニアも、葉が落ちても鈴なりの赤い実が観賞できます。この他、秋植えの球根類全般も良いでしょう。スノードロップ、クロッカスなどは秋に球根を植えると、2月後半に開花します。ジンチョウゲ、サルカコッカなどの樹木、冬咲きのクレマチス・アーマンディー、クレマチス・ウインターベル、サクラソウ・ウインティーなどもあります。

ナツユキカズラ
Polygonum auberrii

タデ科タデ属　落葉つる性低木

草丈サイズ（最盛期）：3〜10m
花の開花期：6〜9月
花色：白

鉢植えなら管理も大丈夫

中国西部・チベット原産。夏から秋にかけて、白い房状の積雪を思わせるような小花を付けるのでこの名が付いた。生長は非常に早く年に2〜5mくらい伸びるため、高速道路の緑化にも使用される。以前、自宅で育てていたが、生育旺盛で地植えだと恐ろしいほど伸びるので、鉢植えの方が管理が楽。「ピンクフラミンゴ」という赤花種もある。／⑤

クリスマスローズ
Helleborus

キンポウゲ科クリスマスローズ属
耐寒性常緑多年草

草丈サイズ（最盛期）：0.5〜1.2m
開花期：12〜4月　花色：白、緑、赤、ピンク、他

冬に渋いカラーの花を

常緑多年草で、花の少ない冬場にニュアンスのある色の花を付ける。性質は強健でかなりの日陰でも生育し、病虫害もほとんど付かないため、日陰があれば必ず植えたい。クリスマスに咲くのは「ニゲル」という品種だけで、他はおおむね2月以降に咲く。食べなければ問題ないが、全草に有毒成分を含むのでペットには注意を。ビギナーにおすすめ。／③

センダン
Melia azedarach

センダン科センダン属　落葉高木

最終樹高：7〜10m
花の鑑賞時期：5〜6月
実の鑑賞時期：10〜1月

木漏れ日を楽しめる木

日本・台湾・中国原産。暖地性の落葉樹。成木になるまでは樹形はあまり良くないが、パラソルツリーの樹形が木陰を作るには最適で、南フランスの街路樹にもよく使われている。生長が早く、強剪定も可能だが、できるだけ広い場所で育てた方が良い。初夏に薄紫色の細かい花をつけ、その後にかわいい丸い実が付き、落葉後も残るために長期間楽しめる。／①

対応植物 ④ 無理をせず、できるだけ手がかからない植物をセレクトする

丈夫で虫や病気がつかず、扱いやすくて生長が緩やか、さらに気候にも左右されない。庭作業があまり得意でない人にもおすすめの、手間がかからない植物です。どこに植えても、それなりにまとまって花が咲き、手入れはほとんど必要ありません。紹介した植物以外では、ヤマボウシ・ホンコンエンシス、ベニバナシャリンバイなどがおすすめ。多年草では、アガパンサス、クリスマスローズ、ヤブランなどがあります。丈夫であっても、メドーセージ、フジバカマ、ミント、グレコマのように地下茎でどんどん広がり、生育も暴れるようなものはメンテナンスが必要です。

カシワバアジサイ
Hydrangea quercifolia

アジサイ科アジサイ属
落葉低木

最終樹高時：1.5〜2.5m
花の鑑賞期：5〜8月　花色：白

おすすめ低木ナンバーワン
アメリカ南東部原産。一重と八重があるが、おすすめは断然一重のタイプ。生長が遅く、樹形もまとまり、花期が長く、紅葉も楽しめる優良種。病虫害はほとんど付くことがない。半日陰でも生育可能で、他のアジサイと組み合わせても、葉の形状や性質が違うので楽しめる。広い庭の骨格部分にぜひ取り入れたい。／②

ギボウシ
Hosta Hybrids

ユリ科ギボウシ属
耐寒性宿根草

草丈サイズ（最盛期）：0.3〜1.2m
開花期：4〜7月　花色：白〜紫

葉を楽しむ植物の定番
多くは半日陰で、腐植質に富んだ土壌を好む。日本原産種も多く、日本の気候に適しているため、生長も良い。毎年、株の芽の数が増えるが広がらないので、管理もほとんど必要ない。広い庭であれば大型種も良いが、小さい品種をグルーピングしながら組み合わせると、良さが引き立つ。洋種のハルシオンや日本のホソバギボウシがおすすめ

ティアレア
Tiarella

ユキノシタ科ティアレラ属
耐寒性多年草

草丈サイズ（最盛期）：0.2〜0.4m
開花期：3〜4月　花色：白〜ピンク

シェードガーデンに最適
シェードガーデンにおいては、花と葉を楽しめる優れた性質を持っている。常緑で株は地下茎で広がるが、ロゼット型であまり大きくならないのでほぼ放任で構わない。ツボサンゴは下葉が落ち、ワサビのように茎が露出してくることがあるが、本種はあまり見られない。数株をまとめて植えると良い。コルディフォリア種がシンプルでおすすめ。／④

コトネアスター・グラウコフィラス
Cotoneaster glaucophyllus

バラ科コトネアスター属／シャリントウ属　常緑低木

草丈サイズ（最盛期）：0.5〜1.0m
花の鑑賞時期：5〜6月

シルバーリーフを楽しんで
中国南西部・チベット原産。コトネアスターの中でも、比較的生長が緩やかで通年楽しめる。独特の濁った灰緑色の葉と、秋につける赤い実が特徴。低い位置でブッシュ状に形成し、こんもりとまとまるので管理もほとんど必要ない。シルバーリーフだが、夏の高温多湿でも蒸れたりする心配がなく、病虫害もないので初心者におすすめ。／③

ビオラ・ラブラドリカ
Viola riviniana purpurea

スミレ科ビオラ属
耐寒性多年草

草丈サイズ（最盛期）：0.1〜0.2m
開花期：11〜4月　花色：紫色

黒紫葉のグランドカバー
「ラブラドリカ」と流通している本種は、「リヴィニアナ・パープレア」という、ヨーロッパ原産の種が間違った名前で流通しているもの。「黒スミレ」ともいわれ、シックな色合いに紫の花が引き立つ。宿根草だが、暖地では葉を残し、日本のスミレと違って葉も大きくならない。夏の暑さと蒸れに弱いので、半日陰が理想的。／④

ヒメウツギ
Deutzia gracilis

ユキノシタ科ウツギ属
落葉低木

最終樹高：0.4～0.8m
花の鑑賞時期：4～5月

コンパクトで純白の花木

日本原産のウツギで、樹高が高くなり過ぎない丈夫な品種。病虫害も少なく、花後に伸びた枝が垂れて地面に根を張り、広がっていく。肥沃な土壌だとしっかりした株になる。日当たりが良くても、半日陰でも育つが、乾燥に弱いので夏場に強い西日が当たる場所は避ける。花期は短いが、細かい葉はグリーンのベースとして利用したい。／③

ビルベリー
Vaccinium myrtillus

ツツジ科スノキ属　落葉低木

最終樹高：0.5～1.0m
花の鑑賞時期：4～5月
実の鑑賞時期：6～8月

目に良い実がなる木

他のブルーベリーと比べ、アントシアニンが3～5倍含まれており、健康食品としての効果が高いといわれている。自家結実性なので実も付きやすく、丈夫でビギナーにもおすすめ。日なた～半日陰を好み、ピートモスを混ぜた弱酸性の土壌に植えると生育が良い。弱点は乾燥に弱い程度で、水切れだけには注意したい。実は、生でもジャムでもおいしい。／③

ベロニカ・オックスフォードブルー
Veronica peduncularis 'Oxford Blue'

ゴマノハグサ科クワガタソウ属
ヴェロニカ属　耐寒性多年草

草丈サイズ（最盛期）：0.2～0.3m
開花期：4～5月　花色：青

鮮やかなブルーのマット

ベロニカの中では、特に丈夫な品種なのでビギナーにもすすめたい。匍匐性で伸び、こんもりマット状になる。放任でも大丈夫だが、夏の蒸れ対策として、花後刈り込むと風通しが良くなるので、株が生長したら行うと良い。暖地では葉も残り銅葉に紅葉する。鮮やかなブルーの花も見事。近種の「プロストラータ」もおすすめ。／④

対応植物⑤
庭のフォーカルポイントになるような植物も必須

「アーキテクチャルプランツ」「アイキャッチプランツ」と呼ばれる、人の目を引く形の植物です。スパイキーフォームのニューサイラン、コルジリネ、アガベ、ドラセナなども、フォーカルポイント向き。また、枝垂れ系やヤシ類のように形が特殊なものを取り入れると、空間にメリハリが出ます。同じ品種でも、色や大きさが変わるとイメージも変化します。例えば、ニューサイランでは、赤葉はコントラストが強く、グリーンで小型種なら少しソフトな雰囲気になります。アーキテクチャルプランツだけでつくるコーナーがあっても面白いですね。モダンで男性的な雰囲気の庭になるでしょう。

アカンサス・モリス
Acanthus mollis L.

キツネノマゴ科ハアザミ属
アカンサス属　常緑多年草

草丈サイズ（最盛期）：1.0～1.5m
開花期：6～8月　花色：白～ピンク

西洋建築装飾のモチーフに

葉の造形美がヨーロッパ建築の装飾に取り入れられている。日当たりの良い場所から、やや日陰までで、あまり土壌を選ばない。ゴボウのような根で広がるので、ある程度のスペースが必要。高木の足元にこれだけ植えても良いし、植栽花壇のポイントにも向く。耐寒性はあるが、寒風に当たると葉が傷むので注意したい。／③

ニューサイラン
Phormium

リュウゼツラン科マオラン属
フォルミウム属　半耐寒性多年草

草丈サイズ（最盛期）：0.3～1.8m

ニードルシェイプが目を引く

ニュージーランド原産。特異なフォルムで庭のポイントに最適。性質も強健で、土壌もそれほど選ばない。-10度まで耐える品種もあるが、越冬温度は0度が標準。銅葉や黄葉、縞模様など、たくさんの品種がある。暑さに弱いが病虫害はない。古い葉を取り除く程度の管理で十分。ギボウシや大型のシダと組み合わせ、男性的な植栽も面白い。／③

対応植物 ⑥ 丈夫で育てやすいバラで花の美しさの醍醐味を味わう

一度は植えてみたいけれど、手がかかって大変。バラはなぜかそう思われがちです。確かに、品種によっては病気になりやすいものや、虫が付きやすいものもあります。しかし、最初は少しくらい病虫害になっても自然だ、という気持ちで育ててみてください。完璧な状態に保つことを目指すと、多少虫が付いただけで気になって、育てること自体がストレスになってしまいます。バラのもともとの性質は強健ですし、虫が付きにくい品種もあります。特に、原種に近いノバラ系はとても丈夫です。サクラノイバラは花が小さく地味ですが、管理は楽で、小さな実も楽しめます。また、たくさんのピンクの花をつけるニュードーンは、棘が大きく誘引が大変ですが、日照条件が悪くても、非常に強健に育ちます。

バラ・アイスバーグ
Rosa Iceberg

バラ科バラ属　落葉低木

最終樹高：1.5m（ツル5m）
花の鑑賞時期：四季咲き（つる一季咲き）
花色：白、ピンク

純白のオープンカップ咲き

フロリバンダ種とクライミング種があり、後者は前者の枝変わりでできた品種。どちらも強健で、フロリバンダ種は、名花と言われるようにたくさんの花を付け、通年咲き続ける微香タイプ。クライミングは、5月頃に咲く一季咲き種で香りも強い。やわらかい枝ぶりで、放任してナチュラルに広げても良い。剪定も気にせず切っても大丈夫。／③⑤

バラ・キューガーデン
rosa kew gardens

バラ科バラ属　落葉低木

最終樹高：1.5m
花の鑑賞時期：四季咲き
花色：白

棘がない一重の四季咲き種

清楚な一重の花が、春からシーズンの間中、ずっと咲き続ける。蕾が若いうちは淡いアプリコットカラーで、徐々に純白になっていき、微かにレモンの香りがする。バラにしては地味だが、ほとんど棘がなく、病気も付きにくいので、バラの中では管理がとても楽で扱いやすい品種。鉢植えでも育てやすいので、ベランダでもおすすめ。／③

バラ・ムタビリス
Rosa cv. Mutabilis

バラ科バラ属　落葉低木

最高樹高：1～2.5m
花の観賞時期：四季咲き
花色：クリーム～アプリコットピンク

蝶々バラとも呼ばれる

中国系の一重中輪の強健種。花はヒラヒラした花弁で、クリーム、アプリコット、濃いピンクと花色が変化していき、微かな香りがする。曖地ではかなりのボリュームが出るため、スペースに余裕をもって植えると良い。銅葉種の中低木とコーディネートすると花が引き立つ。病虫害も比較的少ない。／③

モッコウバラ
Rosa banksiae

バラ科バラ属　落葉低木

最終樹高：3～7m
花の鑑賞時期：4～5月
花色：黄、白

立体的に利用するツルバラ

中国原産の常緑ツルバラ。花色は黄色が定番だが、白花がかわいくておすすめ。香りもあり、棘がなく、他のバラと比べてほとんど病害虫はつかずに管理は楽。ただし、つる性で非常に生育旺盛なため、大きな壁や建物に沿わせるように誘引するか、頻繁につるをカットして剪定する必要がある。花付きは悪くなるが半日陰でも生育する。／⑤

対応植物⑦ 庭を自然な風景に仕立て、演出してくれる植物たち

地面や構造物の表面を緑で茂らせると、庭が自然に見えます。つるで立体的に仕立てナチュラルさを演出する植物、グラウンドカバーで足元に広がる匍匐性植物。ランナーや地下茎で伸びて地面を覆う植物を集めてみました。ステップの脇、床と壁の材質が変わるところなどに植えると馴染みます。

ここで挙げたもの以外では、ダイコンドラやエリゲロン、プラティア、ポテンティラがおすすめ。立体的な場所にはプミラ、テイカカズラ、ハツユキカズラなど、つる性植物で木根が出るタイプが良いでしょう。ナツヅタも自然な雰囲気が出せますが生育が旺盛すぎて、家が覆われることもあるため、おすすめしていません。木根が出るつる性植物は、フェンスや塀など、外構の壁に限定して絡ませましょう。

タスマニアスミレ
Viola hederacea

スミレ科スミレ属
耐寒性多年草
草丈サイズ（最盛期）：0.1～0.2m
開花期：3～6月　花色：白～青

ステップ脇の植栽に最適

オーストラリア南東部原産。「パンダスミレ」とも言われる。ハート型の小さい葉を付け、ランナーでマット状に広がる。比較的丈夫だが、スミレなので真夏の直射日光では葉焼けを起こす。また、霜が当たると葉が傷み、地上部が枯れることもあるので、注意する。壁や柱の足元やステップの脇などに植えるのに最適。／④

ヒメイワダレソウ
Lippia canescens

クマツヅラ科イワダレソウ属
常緑低木
草丈サイズ（最盛期）：0.1～0.2m
開花期：6～9月　花色：白、ピンク

マットで広がる花の絨毯

南アメリカ原産。日当たりと水はけが良い場所が適地。暑さや寒さにも強く、特別な管理は不要だが、日陰で上手く育たない。条件が合うと、生育旺盛で他を飲み込むほどに広がるので、芝のようにマットでの販売もされている。ランタナに似た小さな花もよく咲き、伸びすぎた場合は季節を選ばず剪定を。／④

ヘンリーヅタ
Parthenocissus henryana (cissus henryana)

ツタ属　落葉つる性低木
最高樹高：8～10m
花の鑑賞時期：5～7月
実の鑑賞時期：9～11月

ちょっとワイルドな演出に

中国原生で葉裏が紫色を帯び、葉のグラデーションが美しく、日なた～日陰まで生育する。日陰で育てると花が付かなくなるが、葉脈が白く浮かび上がり面白い。日本のナツヅタよりも自己てん着性が軽いので、管理も比較的しやすい。日当たりが良ければ花も咲き、寒色系のグラデーションの実を楽しめる。／⑤

ワイルドストロベリー
Fragaria vesca

バラ科フラガリア属　耐寒性多年草
草丈サイズ（最盛期）：0.1～0.2m
開花期：4～6月
実の鑑賞時期：9～10月

赤い実のグランドカバー

「エゾヘビイチゴ」とも呼ばれる。蒸れに弱いため、日当たりと水はけの良い土壌を好む。実を付けるためでなければ、それほど手をかけなくても、イチゴ独特のランナーで雑草のように広がる。生食用にもなるが加工用、もしくはスイーツの彩りとしての利用が多い。鉢植えでの管理の方が実を収穫しやすい。／④

それぞれの条件を満たす植物リスト

対応植物 ⑧ 渋くなりすぎず、隠す役目を果たす生け垣に適した樹木

生垣の利点は常に緑が保たれ、自然な雰囲気がつくれること、柵や壁を設置するよりもコストが安いことです。しかし定期的な剪定など管理が必要になります。自治体によっては、道路に面している場所に植えると助成金が出ることもあります。基本的には常緑樹を使いますが、ブナなど落葉樹を使うことも。枯れた葉が枝に残り、独特の雰囲気を醸し出します。

紹介した樹木は、モダンな庭にもナチュラルな庭にも合う葉の小さな種類。この他には、密に葉をつける広葉樹で、高さのあるウバメガシもおすすめ。整形しやすいため、トピアリー仕立てに使われることもある品種です。

レイランディー
Cupressocyparis leylandii

ヒノキ科レイランドヒノキ属

最高樹高：5～8m

しっかりした目隠しに

生長が早く萌芽力があり、強剪定に耐えるため、生垣樹として用いられることが多い。葉は濃緑色で、刈り込みをしっかり行っていると、枝葉が密生しても蒸れにくく、壁のような美しい生垣となる。根の張りが地上部に追いつかないため、樹高のある場合は支柱が必要になる。葉の密生度は落ちるが、半日陰でも生育はできるのでおすすめ。／②

プリペット
Ligustrum sinense

モクセイ科イボタノキ属
常緑低木

最高樹高：2.5～3.0m
花の観賞時期：5～6月

明るいナチュラルヘッジ

生育旺盛で刈り込みに耐えるため、繊細な淡緑色の明るい間仕切りが欲しいときは、ぜひ取り入れたい。刈り込まず、列植してナチュラルな生垣としても利用できる。初夏に白い小花を咲かせるので、単木でミドルツリーとしても良い。半常緑であるが、寒冷地では冬場に葉を完全に落とすので注意。斑入り種も人気がある。／②

対応植物 ⑨ ナチュラルな雰囲気の間仕切りにしたいときの樹木

間仕切りには、小さな葉が密につく常緑樹が向いています。間仕切りは庭などに誘導するための区切りとして使うほか、構造物の脇に植えて、人工的な素材を緑に馴染ませる効果があります。他の植物の葉がなくなってしまう冬は、間仕切りの緑が残り、庭に彩りを添えてくれます。ビブルナムティヌス、オリーブ、ヒメシャリンバイなども、仕立て方次第で間仕切り、生垣にも使えます。西洋ツゲは、虫が付きやすいのであまりおすすめできません。また、アデクは熱帯性で、耐寒性があまりありませんので、取り入れる際は日当たりの良い場所に植える必要があります。

アデク
Syzgium buxifolium

フトモモ科フトモモ属　常緑小高木

最高樹高：1～8m
花の鑑賞時期：7～8月
実の鑑賞時期：10～11月

艶のある柔らかい葉で

日本の南九州、沖縄などの常緑低木で、「アカテツ」とも呼ばれる。関東以南の太平洋側では生育が可能。初夏に白い花を咲かせ、11～12月に黒紫色の小さな果実を付ける。果実は原生地では食用にされている。剪定により形を整えると、萌芽・復元力があり、よくわき芽を伸ばす。そのため、生垣としても利用されることが多い。／③

ハマヒサカキ
Eurya emarginata

ツバキ科ヒサカキ属

最高樹高：2.0～2.5m

丈夫な間仕切りの定番

光沢があり、濃緑色の葉が密生し、枝は良く分岐する。ツゲの中でも、特に西洋ツゲと比べて病害虫がほとんどつかず、名前の通り、耐潮性にも優れている。管理も楽で、丈夫で、低い間仕切りには最適。名前は和のイメージだが、使い方によってはモダンにも、ナチュラルにも使える優秀な常緑低木なので、おすすめしたい。／③

第5章

悪条件を悪条件としない
暮らしを広げる庭づくり

Improve bad conditions, and make better garden
which gives you good living.

日当りが悪かったり、暗かったり、空間が狭かったり……。一般的に悪条件とされる環境にある空間でも、庭との暮らしは楽しめるものです。さまざまな悪条件を乗り越え、または悪条件と思われる環境を生かすことで生まれた、5つの庭を紹介します。

Successful garden style 1

北向きだけれど庭をつくりたい
フレンチスタイルの優美なガーデンに

風合いのある漆喰風の高い壁と石畳の床、少しデコラティブな袖壁。ヨーロッパの街並を思わせる、奥行きのある庭です。ニセアカシアのライムグリーンの葉が、北向きの庭を明るく見せています。

ライムグリーンの葉で北向きの庭を明るく

　周囲を隣家に囲まれた北向きの庭と聞くと、難点ばかりのように思うかもしれませんが、短所は長所にもなるもの。この庭は周囲を囲まれているため、プライベート空間がつくりやすく、また奥行きもあることで、日が当たる部分も確保できます。

　塀はコンクリート製で、周囲の建物からの目線を遮断するため、高さは2.4mに。圧迫感が出ないよう、壁に取り付けたトレリスなどにつる性植物を這わせます。面積が広く殺風景な奥の壁には、雑貨のディスプレイスペースにぴったりなコンソールを設置しました。庭の入り口の袖壁は、玄関側から庭が丸見えにならないように設置したもの。庭にプライベート感が増し、奥行き感を演出します。植物は、もとからあったニセアカシアを始め、耐寒性のある明るい葉色の品種を使用。グリーンを中心とした植栽のため、季節に合わせた寄せ植えや切り花を飾り、しっとりとした落ち着いた空間に彩りを添えます。

before 使われずに雑草が生えた中庭。老朽化した境界線に立つ万年塀もRC造へ。

after 壁と石畳で囲まれた落ち着きのある大人の空間へと変貌した。

data
所在地：東京都
敷地面積：約300㎡
庭施工面積：約40㎡
工期：延べ35日
構造物：壁、テラス、ステップ、アプローチ、水栓、コンソール、収納棚、トレリス
使用素材：コンクリート、モルタル、石、松材、イペ材

2本の樹木と高さのある壁で隣家の目隠しを

シンボルツリーのシマトネリコ、手前に植えたニセアカシアとRC造の壁。3つの重なり合う目隠しで、隣家が目立つ外部と遮断し、都会の中のシークレットガーデンに。

つる性植物の緑が
壁面の印象を軽くする

大壁に設置した格子のラティスにはバラを絡ませて。施工後、半年経ち植物が大きく生長したため、高い壁の存在が気にならなくなってきた。室外機カバーは濃紺にペイントし、空間に馴染ませる。

黒と白の塀で
テイストを切り替える

黒い塀は、アプローチの手前部分にある既存の鉄製塀に合わせて設置。途中から白い壁に変え、雰囲気を切り替えた。床材のバサルトは火山岩の一種で、落ち着いた黒い色合いが特徴。

Successful garden style 1

悪条件をクリアする植栽とアイデア

北向きでも可能な植栽

つる性植物で壁面を彩る

高い壁面は、ヘンリーヅタやイワガラミなどのつる性植物でカバー。もっとも日当たりの良いポイントにバラを植え、トレリスに誘引します。イワガラミはワイヤーで補助して壁に伝わせます。

バラ・アイスバーグ 　　ヘンリーヅタ 　　イワガラミ

落ち着いた空間に挿し色の花を加えて

白いアジサイ、渋めの花色のオダマキやクリスマスローズで、大人っぽく落ち着いた雰囲気をつくります。西洋アジサイのピンク色の花は、この庭のポイントになっています。

クリスマスローズ　　ヤマアジサイ　　アキイロアジサイ

明るい葉の植物を使用する

ニセアカシアの後ろに植えたシマトネリコが、ニセアカシアの明るい葉色を引き立て、全体を明るい印象に。中低木やグランドカバー植物にも斑入りや明るい葉色の植物を使っています。

ニセアカシア 　　エゴポディウム 　　アジサイ

フイリコムラサキシキブ 　　ギボウシ

その他の使用植物リスト

〇樹木
シマトネリコ、ジューンベリー、ノリウツギ、ハマヒサカキ、コデマリ、カシワバアジサイ

〇多年草
アスチルベ、ギボウシ、ダイコンドラ、スミレ・ラブラドリカ、ラミウム、ワイヤープランツ、タイム、アガパンサス、ゲラニウム、プミラ、ルブス・カリシノイデス他

植栽を生かす構造アイデア

ニュアンスのある雰囲気をつくるデザイン

デコラティブな袖壁で、女性的でニュアンスのある雰囲気に。ギボシがポイントになり、ヨーロッパテイストを演出しています。床には落ち着いた色合いのバサルトを敷き、風化仕上げをして壁の白さを強調。シンプルな収納棚は、通りから見えない袖壁の脇に。壁面のすべてを植物で埋めると狭い印象になるため、ディスプレイスペースとしてコンソールを設置しています。

袖壁 　　　ギボシ 　　　石畳

収納棚　　プラスター風化左官仕上げ 　　コンソール

プラスするアイテムでよりおしゃれに

ガーデン雑貨や鉢は、施主がディスプレイしたもの。アーティチョークは植栽の間に置いてポイントに、ピンク色のアジサイを植えた鉢もディスプレイ感覚で配置しています。中央に置いたガーデンテーブルは、モダンな椅子が空間に明るさと軽さをプラス。コンソールの下に置いた紹興酒のツボ、アイアンフェンスなど、ヨーロッパ風の空間にアジアのテイストを加えます。

雑貨 　　　鉢植え 　　　ガーデン雑貨

アイアンフェンス 　　ステップ 　　テーブルとチェア

Successful garden style 2

細長い通路で庭をつくる
庭がつくれない場所はない

狭い敷地でも植物は育てられますし、庭をつくることも可能です。壁面、通路も庭の一部として考えると、可能性は広がります。限られたスペースを最大限に活用し、厳選した植物でおしゃれな庭をつくりましょう。

奥行きのない小さな庭を、有効的に使い切る

狭い土地で庭をつくる場合は、敷地を無駄なく効率的に使い、条件に合った植物を厳選して植える必要があります。施主の希望はできるだけ多くの植物を植えて楽しみたいというもの。バラは3種類使い、建物のアーチの形に合わせて這わせました。

敷地を仕切る塀は、門扉の北側はレイランディーで生垣にし、外からの目線を遮断します。南側は落葉樹を中心にした植栽にし、仕切りにはシンプルなアイアンバーを使用。メインツリーのサルスベリやセイヨウニンジンボクなど、葉の小さめな植物で程良く抜けた雰囲気を出し、奥行き感を演出します。深い色合いのレンガの外壁には、紫色の花を咲かせるサルスベリや、緋色のセンニチコウ、ピンク色のニチニチソウなど、はっきりした濃い色がよく似合います。このエリアは、風致地区で規定本数の植栽が義務付けられているため、通常より中低木類を密に植えています。将来的には剪定が必要です。

before 
建物の引き渡し直後。予想以上に道路との勾配があるため、ステップの数を増やす事に。

after 
玄関ポーチが広いため、ガーデンシェッドもこじんまりとした印象に。

data
所在地：東京都
敷地面積：約110㎡
庭施工面積：約35㎡
工期：延べ25日
構造物：フェンス、アプローチ、水場、物置、ステップ、バー、門柱、門扉
使用素材：アンティークレンガ、砂利、サイプレス材、松材、栂材、杉材、ロートアイアン

**常緑の樹木を
生垣のように使う**

北側はレイランディーの生垣、南側はアイアンバーと植栽で、仕切りをつくった。アイアンバーは植物の印象を妨げない、シンプルなデザインに。将来的には、ユキヤナギやセアノサス、セイヨウニンジンボク、ビブルナムティヌスなどが生垣の役割を果たしてくれるはず。

レンガの風合いが
落ち着きある空間をつくる

門柱のレンガは外壁の色と合わせた。床面にも同じものを使うと沈んだ印象になるので、明るめのアンティークレンガを選んだ。サルスベリやセイヨウニンジンボクなど、葉が小さめの樹木が、建物を程良く隠し、奥行き感が楽しめる。

137

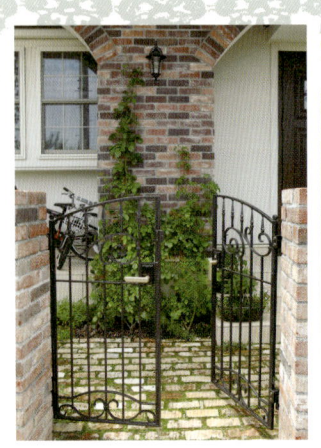

**レンガを敷き詰めて
風合いある空間をつくる**

玄関前の床には、風合いのあるベルギー製のアンティークレンガを敷き詰めた。自然と苔むした感じになるよう、山砂を目地にしている。砂利やレンガを敷いたことで雑草も防止できる。

**大小の植物で
狭い通路も花壇に**

南側通路の両脇でも植物を楽しめるよう、植栽スペースを設置。左右で同じようにボリュームが出ると歩きにくくなるため、交互に大きくなるものを植えて。奥行きを感じさせるのは、狭い通路ならでは。

悪条件をクリアする植栽とアイデア

細長い場所も見事な庭に

樹木の中に一年草を取り入れ変化をつける

細長い通路状の空間に庭をつくる場合は、樹木が大きくなりすぎないよう、剪定して、生育をコントロール。花壇や樹木の根元の一年草は、施主による植栽。季節の花で彩りを添えています。

ニチニチソウ

センニチコウ、ブルーサルビア

ギボウシ

シラン

シマトネリコ

ユキヤナギ、リナリア、ヤナモリ

レモン

狭さを生かす施工アイデア

狭い空間を無駄なく合理的に使う

通路の室外機には、カバーをして鉢置きにしました。立水栓の脇には、棚を設置してポイントにしています。物置脇の水栓は装飾を排し、シンプルに。物置は外からの目隠しにもなっています。

アイアンバー

飾り棚

水栓柱

室外機カバー

物置

流し付き立水栓

レンガ床

Successful garden style 2

139

Successful garden style 3

暗い庭をどうにか明るく！
白いデッキで太陽の光を生かす

南向きの庭ですが、隣家が接近し、日当たりには恵まれていません。暗い空間をできるだけ明るくするため、構造物は白で統一。耐陰性の高い樹木や多年草が、すっきりシンプルなデッキを明るくナチュラルに彩ります。

白いデッキと植物で、光を感じる明るい庭に

　この庭は狭くて日があまり差し込まず、さらに2階のベランダもせり出しています。「とにかく明るい印象にしたい」という要望に応えるため、構造物は白で塗装して明るい印象に。部屋との一体感を演出するには、室内の床色と合わせることもありますが、ここは床も白で塗り、反射光の効果を狙います。パーゴラは日除けではなく、部屋から隣家の屋根を見えにくくするために設置。ジューンベリーの根元に植えたハゴロモジャスミンのつるは、パーゴラを避け、格子のフェンスに絡ませるよう誘引します。

　ステップ下の東側は、デッキ上より日当りが悪いダークシェードガーデンです。グレコマ、ギボウシ、アベリア・コンフェティ、ヤブランなど、耐陰性の高い植物を選びました。中でも、グレコマはこの環境に適応し、地面をすっぽりと覆っています。ベンチ両側の花壇は床レベルからさらに高さを出し、空間のアクセントに。高さがあるのでメンテナンスも楽にできます。

before
南面の庭も隣家の暗いブロックと屋根が迫り、基礎の段差も高く未使用だった。

after
リビングの高さにデッキを合わせ、フラットに。室内からも出やすく活用できる空間に。

data
所在地：東京都
敷地面積：約132㎡
庭施工面積：約23㎡
工期：延べ25日
構造物：デッキ、フェンス、パーゴラ、物置、ベンチ、花壇、水場
使用素材：レンガ、松材、栂材、イペ材、杉材

レンガ積みの花壇は
白い空間のポイント

フェンスやデッキなどの構造物は白で統一。建物に使われたものと同じレンガを積んだ、花壇がポイントになっている。ベンチの座面は開閉式で、中には鉢などを収納できる。

ステップで高低差をつけ表情豊かな庭に

当初、庭全面にウッドデッキを張るプランもあったが、東側にステップを設置し物置を置いた。デザインに変化をつけ、広がり感を出した。扉はウッドデッキの西側に設置。格子に絡ませたクレマチスがナチュラルさを演出している。

英国調のファサードにバラと常緑樹を合わせ

玄関アプローチの花壇は、バラを中心に冬でも緑が楽しめるよう、ローズマリーやオリーブなど丈夫な常緑植物を植えた。

悪条件をクリアする植栽とアイデア

半日陰でも可能な植栽

耐陰性のある樹木と多年草を選んで

　ジューンベリーは半日陰でも、実をつけてくれる貴重な果樹。2年で1.5倍の高さに生長します。リキュウバイはうどんこ病になりやすい樹木ですが、この環境は合っているようで、とても元気に育っています。大きくなっても2.5m程度ですので、日本の住宅にはおすすめ。2月末〜3月上旬に開花し、木全体が白い花で覆われとてもきれい。デッキ下に植えたクリスマスローズやグレコマは、半日陰には定番の植物。

リキュウバイ 　グレコマ 　クリスマスローズ

ジューンベリー 　オリーブ 　アベリア・コンフェティー

狭さを生かすアイデア

デッドスペースを生かして収納を増やす

　ステップやデッキの手すりは高さを低めにして圧迫感をなくし、抜け感を演出。ステップには、鉢を飾り立体的なディスプレイを楽しむのも良いでしょう。デッキ下には奥行き1mほどの床下収納を設置しました。重たいものはここに収納。デッキ下の物置は、横に扉をつけ、デッキから扉のかわいいデザインが見えるようにします。通りから庭に入るときには、正面に付けた窓がポイントになっています。パーゴラは、リビングルームから見える隣家の屋根を隠すために取り付けました。

小窓と棚 　物置 　床下収納

レンガ花壇 　階段 　パーゴラ

Successful garden style 4

狭小さを魅力に変える
木漏れ日のウエルカムガーデン

奥行きがなく狭いけれど、庭の雰囲気をつくりたい。地植えスペースとして使えるのは、玄関廻りの空間8㎡と、裏庭に続く通路、裏庭の3カ所。玄関前をメインにした、ウエルカムガーデンをつくりました。

オリーブが主役の小さなフロントガーデン

空間の奥行きがあまりないこと、建物の軒で影になる部分が多いことなど、条件的には厳しい環境。しかし、クリアすべきポイントがはっきりとしているだけに、適切な対処ができれば、立派な庭になります。

この庭いちばんのポイントは、白いレンガ風の壁。隣に植えたオリーブとで敷地を仕切り、奥がプライベートスペースであることをはっきりさせました。壁の高さは80cmに抑え、狭さを感じさせないよう工夫しています。日当たりの良い壁の外側には、タイム、ローズマリー、サルビアなど、裏はジューンベリー、ジャスミン、タイツリソウ、ティアレラなどを植えました。壁の表と裏で表情の違う庭が楽しめます。玄関ポーチのテラコッタの色に合わせ、床には赤い古レンガを敷きました。目地に山砂を使用したことで苔が生え、自然な雰囲気に。木製ゲートの奥はバックヤードへの通路で、駐輪スペースになるよう、床はホタテの貝殻を再利用した舗装材を使用しました。

before 
建物の建築中の様子。袋小路の突き当たりのため、ファサードが丸見えになる立地。

after 
日当たりに恵まれているため、間口は狭いがフェンスと壁で明るい印象に。

data
所在地：東京都
敷地面積：約80㎡
庭施工面積：約28㎡
工期：延べ25日
構造物：壁、フェンス、ゲート、トレリス、物置、アプローチ
使用素材：古レンガ、サイプレス材、松材、栂材、杉材

80cmの壁とオリーブで空間を仕切る

オリーブと壁で仕切りとしての役割を果たし、ゲートなしでも境界線がひと目で分かる。壁だけで仕切ると暗い雰囲気になるが、樹木を壁の一部にすることで、問題をクリア。玄関脇に植えたカリフォルニアライラックは一般的に弱い植物だが、軒下で日当たりが良いため、無事に冬越しで旺盛に生長している。

風合いあるガーデン雑貨や生長した植物で雰囲気を出す

カリフォルニアライラックの前に置いたジョウロやイス。アンティークグッズで庭の雰囲気をアップ。壁の裏側に植えたティアレラとビンカミノールが生長し、床のレンガを覆い、自然な雰囲気に。

家の中から眺めるナチュラル風な物置

裏庭の物置は、家の中から見える位置に設置し、ツルハナナスを絡めた。新築時に、家に使えなかったステンドグラスを取り付けてポイントにしている。

悪条件をクリアする植栽とアイデア

シンボルツリーで印象的に

狭い庭にぴったりな　　やさしい印象の樹木

　丈夫で明るい印象のオリーブは、虫の害が少なく土壌を選びません。ジューンベリーは葉が小さく、やわらかな印象。狭い庭でも圧迫感は出ません。カシワバアジサイは花期が長い一重タイプがお勧め。

ジューンベリー 　　　　　オリーブ 　　　　　　カシワバアジサイ

狭い地面で可能な植栽

生育旺盛な植物は　　仕切りの中で育てる

　ワイヤープランツは非常に生育旺盛ですので、植栽ポケット、鉢など、仕切りの中で育てるのがお勧め。ここでは、建物の軒下につくった植栽ますの中に植え、伸びすぎた場合は夏前に剪定します。矮性ベロニカ、プラティナ、セダムなどはコンパクトな形をキープしやすい植物です。壁の前に植えたアジサイ・アナベルは、白い壁を背景に明るい葉色と白花が映えます。ギボウシは株が分岐して殖えますが、根は移動しませんので、急激に大繁殖することがなく、管理しやすい植物です。

アジサイ・アナベル 　　　ニオイスミレ 　　　　　ワイヤープランツ、アガパンサス

カリフォルニア・ライラック 　　ビンカミノール 　　　カラミンサ

ティアレラ 　　　　　　　タイツリソウ 　　　　　ヘデラ

Successful garden style 4

Successful garden style 5

庭の一部をカーポートとして使いたい
ヨーロッパの田舎の家のようにつくる

安心して子どもたちを庭で遊ばせたい、来客用のパーキングをつくりたい、緑が茂る空間が欲しい――。この3つの条件を満たした庭です。ヨーロッパの田舎家の風景を思わせる、ナチュラルな寛ぎ空間が誕生しました。

子どもたちの歓声が聞こえるナチュラルな緑の庭

限られた敷地にいくつかの機能を持たせるには、多目的に使える空間にする必要があります。ここでは子どもたちが遊べる庭を、パーキングとしても使えるようにしました。子どもたちの安全を確保するため、敷地はウッドフェンスで囲み、芝生敷きに。車の轍となるポイントに、枕木とアンティークレンガを施せば、来客時はパーキングに早変わりします。

緑の茂る空間は、玄関アプローチに設けることにしました。施主から支給されたソロの木をメインツリーにし、根元にはアナベルを、株立ちの落葉樹を両脇に植え、緑のトンネルをつくります。

また、リビングルームが外から丸見えというのも大きな悩みでした。それはデッキテラスを設置して問題をクリア。リビングルームに直結させたアウトドアルームが完成しました。車のパーキングスペースは独立させ、日々の使いやすさとコストを抑えるためにコンクリート舗装にしました。

before 庭が車を止めるだけのスペースに。リビングも道路からは丸見え状態。

after 常時車が置いてある駐車場だけを独立させ、来客用駐車場とアプローチを庭へ。

data

所在地：埼玉県
敷地面積：約130㎡
庭施工面積：約64㎡
工期：延べ35日
構造物：壁、フェンス、ゲート、駐車場、アプローチ、デッキ、花壇、ステップ、門柱、パーゴラ
使用素材：コンクリート、枕木、レッドシダー材、アンティークレンガ、芝生

ゲートやアーチに緑を絡ませる

アーチには数種類のクレマチスを絡ませたが、その中でモンタナが生長した。アイアンゲートはイギリスのアンティーク。イギリスではオーソドックスなタイプだ。

デッキテラスが部屋と庭をつなぐ

デッキテラスは、部屋をひとつ増やすような感覚で作成。リビングルームに直結し、広がりを持たせる。デッキテラスはほんのりとしたベージュでペイントし、ナチュラル感を出した。水栓の壁は、玄関アプローチに合わせ、古レンガを使用。

季節の花が楽しめる
林の中の小さな道

玄関アプローチは、両側に株立ちの落葉樹を植えて、「林の小径」を表現。大きい樹木、中低木、グランドカバー植物をミックスしながらランダムに植え込んだ。春はフウロソウ、ベロニカ、フランネルソウ、ヤマブキ、ジャーマンアイリス、イカリソウ、初夏はギボウシ、アナベル、秋はシュウメイギク、ムラサキシキブの実など、四季折々の花や実が楽しめる。風合いある古レンガはヘリンボーン敷きにした。

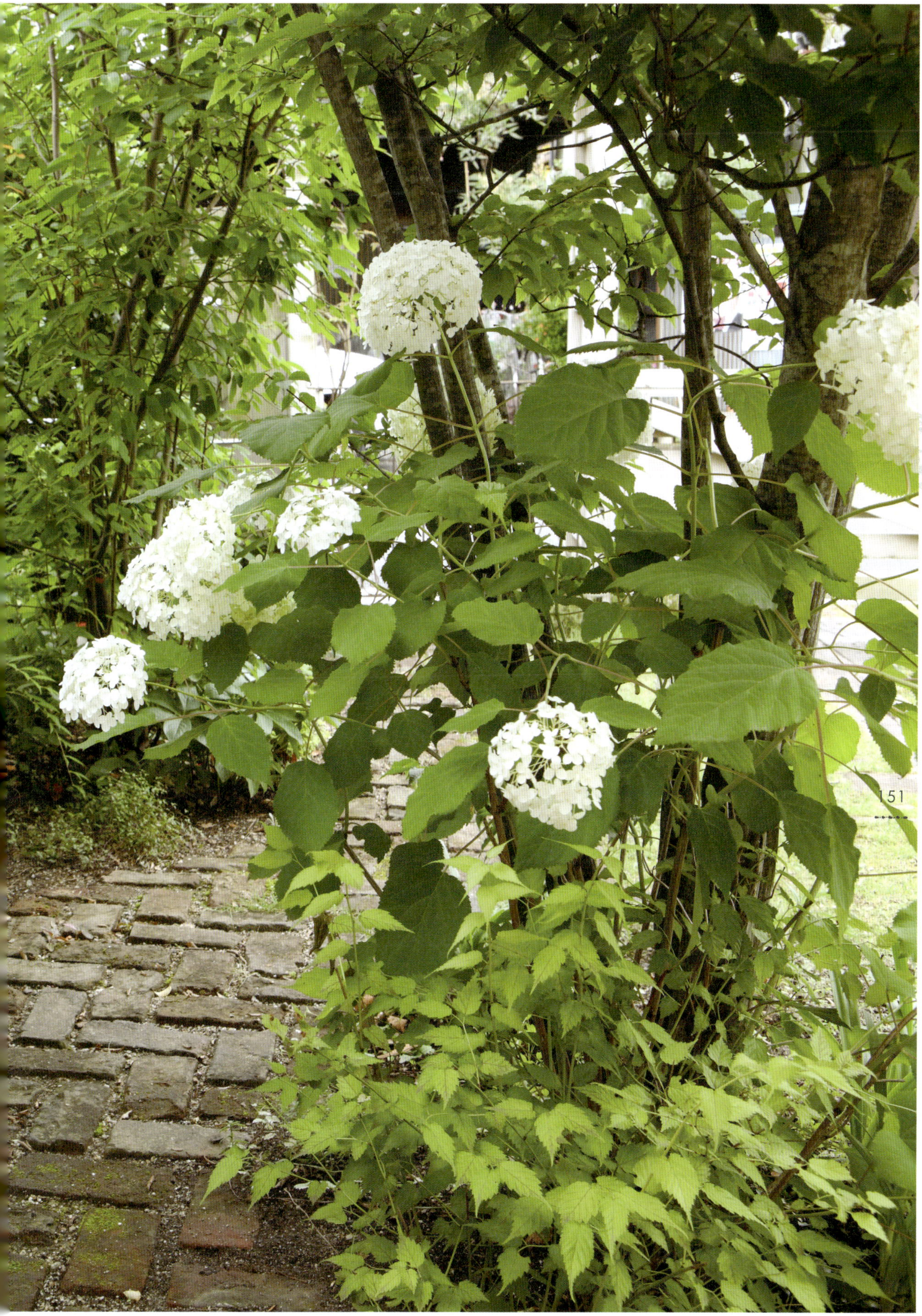

悪条件をクリアする植栽とアイデア

パーキング脇の植栽

構造物のつくりを考慮した植栽

門扉を開閉する手前は丈の低い多年草、奥は中低木を。アーチに絡ませたクレマチスは、フェンスの印象を和らげる役割が。パーキングは車輪の轍を中心にレンガと枕木を置き、芝目地で仕上げています。

アガパンサス・タニウツギ

ジャスミン、ローズマリー

枕木、レンガ（芝目地）

立体的に見せるアイデア

アーチや緑のトンネルで立体感を楽しむ

開口部が広いゲートは、ゲート自体の重みで柱が傾いてしまいますが、箱状のアーチにすると構造的にしっかりします。アーチに植物を絡ませれば、緑のトンネルをくぐる楽しさが味わえます。また、玄関までのアプローチでは、木々の中をくぐる楽しさを体感できます。アーチの存在で立体感を、そしてアーチとその奥にあるテラスによって、奥行き感が演出できます。

スミレとフェンス

タイムとゲート

アーチとゲート

クレマチスとアーチ

アンティーク・ゲート

ソロの株立ち

シャラの株立ち

その他の使用植物リスト

〇樹木
ラベンダー、ローズマリー、ヤマブキ、ヤマボウシ、アジサイ・アナベル

〇多年草
ジャーマンアイリス、ギボウシ、ビンカミノール、ゲラニウム、他

第 6 章

何もないところから始まる
庭づくりのストーリー

The new story of making gardens
which are started from empty spaces.

庭づくりは、単に植物を植えることではありません。庭のデザインから土台づくり、構造物の設置、植栽に至るまで、地道な作業がつづきます。『BROCANTE』が手がけた庭づくりの工程を追いました。何もなかった更地が、毎日少しずつ理想の空間へと変化していきます。

庭やベランダガーデンのリフォームで
プランニングが完成するまでの流れ

外構工事のオーダーからプランニング、施工、完成まで、『BROCANTE』の庭づくりの流れを紹介します。
理想の空間を手にするため、庭をつくる際の参考にしてください。

理想の庭をつくるためのプランを立てよう！

　庭の施工を業者に依頼する場合、つくりたい庭のイメージを伝えることが重要。どんな雰囲気でどんな機能を持たせたいか、さらに、もう一歩踏み込むなら、レンガやタイルなどの素材、好きな色などをリストアップすると良いでしょう。具体的なプランが浮かばない場合は、雑誌などを見て好きなインテリアや庭の写真を用意します。施工業者はパンフレットやホームページを見て、自分の感覚に合いそうなところを選択。何社かに声をかけて見積もりを取り、相場を知ることも大切です。予算が足りない場合は、材料のグレードを落とすこともできますが、好きなテイストを極めるなら、部分的、段階的につくっても良いと思います。

　新築の場合は、家の設計が決まった時点で、庭の施工業者に声をかけるのがおすすめ。完成後となると、家の施工業者が施した化粧ブロックやフェンスを剥がさなければいけないことが多く、費用が無駄になります。

　庭や外構には力があります。庭ができることで、家の表情が変わり、グレードも上がります。そのことを踏まえて予算を分けておくことで、きっと理想の庭がつくれるはずです。

庭やベランダガーデンをつくる上で
つくりたい庭のイメージと現況の確認

① 現況の確認を行う
- 日当たり、立地方角はどうか
- どんな敷地なのか
- 日照条件や雨風当たりはどうなのか
- 境界や遮蔽物の確認
- 既存物や樹木の位置などのチェック
- 水道設備や枡の位置について

② 要望について
- 子どもが遊べる芝生の庭が欲しい
- シンボルツリーを植えたい
- 目隠ししながら、庭にしたい
- 駐車場脇に庭を作りたい
- 明るい庭の印象にしたい
- 落ち着いた雰囲気にしたい
- メンテナンスが楽な庭にしたい
- 道具を収納する物置が欲しい
- 家庭菜園をしたい、ほか

③ イメージをどうするか
- ナチュラルテイストに
- 生活感を感じさせないモダンな印象に
- 清潔感を出したい
- 雑木ガーデン風にしたい
- フレンチシック（シャビー）テイストがいい
- アンティーク調やジャンクスタイルに
- トロピカルや高原リゾートスタイル
- アジアンスタイル
- 和の庭園風に、など

④ 機能の確認を行う
- 駐車場周りをどうするか
- ポストやインターホン、外灯があるか
- 水栓、収納、目隠しは必要か
- テラスを作るかどうか
- 舗装する必要があるか
- サイクルポートなどが必要か、など

⑤ 動線から機能を考慮
- ポストやインターホンはどこに設置するのか
- 目隠しが必要な部分の高さや幅について
- 水場をどこに作るのか
- 収納の場所の選定
- それぞれの機能をつなぐ通路はどうするか、ほか

⑥ 構造物のアイデア
- フェンス（目隠しや通風を考慮したものなど）
- 壁のニュアンス
- 収納（物置／作業台／デッキなど）
- 花壇、畑を作るか
- 水栓、流しはどうするか
- パーゴラを設置するか
- カーポート、サイクルポート
- 通路、ステップ
- 門柱
- ゲート、ほか

⑦ 骨格となる植物のアイデア
（配置やボリュームを考える）
- シンボルツリーは何にするか
- 樹木は、常緑樹なのか、落葉樹なのか
- 高木と中低木、低木をどのように使うか
- つる性、グラウンドカバーで自然さを出すほか

⑧ 構造物の仕上げを決定する
- 目隠し：木製フェンス／スチールフェンス／レンガ塀／塗り壁／生垣
- テラス：石材／レンガ／コンクリートタイル／デッキ
- 通路：砂利／レンガ／石材／枕木／コンクリート
- ゲート、門柱：ロートアイアン／木製／枕木／コンクリート柱
- 水栓：木製／コンクリート／タイル
- パーゴラ：アイアン／木製ほか

⑨ 植栽する植物のセレクト
- 場所の性質や土壌の乾湿、風通し、日照条件などから選択

⑩ 家具や備品のセレクト
- コーディネートする場合、家具やガーデンアイテム、雑貨を選ぶ

Life with garden
ウエルカムガーデンと中庭づくり

訪れる人を出迎える、緑のウエルカムガーデン

玄関前に植物があると、建物に生命感が宿ります。例え、奥行きが20cmしかないスペースでも、ウエルカムガーデンとしてボリュームがある植え込みはつくることができます。

外構づくりでは、インターホンやポストを設置する門柱の位置がポイント。設置する位置で境界線の意識が変わるため、前庭に立ち入られたくない場合は、外に寄せるようにします。

お茶を楽しんだり、子どもをプールで遊ばせたり、バーベキューをしたり。中庭は生活空間として、実際に使って楽しめる場所。プライバシーを守るため、外から見えない部分を作ることが重要です。中がまったく見えないのは防犯上おすすめできませんし、逆に外から丸見えでは落ち着かず、中庭に出る機会が減ってしまいます。ゲートを設置し、中が垣間見える程度にすると、中への期待感が膨らみます。剪定により、高さを自由に調整できる生垣を使うのもおすすめです。

Making a garden 1
庭づくりの前に行うこと

施工する家のdata
- 所在地：神奈川県
- 敷地面積：約160㎡（48坪）
- 庭施工面積：約60㎡（15坪）
- 構造物：壁、床、フェンス、ゲート、門壁、ステップ、アプローチ、花壇、物置、シェルター、水栓
- 使用素材：松材、栂材、イペ材、サイプレス材、杉材、ロートアイアン、モルタル、樹脂系左官材、石、コンクリート

施主の要望
- 中庭をつくりたい
- 芝生の庭が欲しい
- ウッドフェンスで囲いたい
- 丸見えを避けるために、目隠しをしたい
- 玄関を隠したい
- 玄関に屋根を取り付けたい
- 玄関は明るく見える方がいい
- 家の中が見えないように樹木で隠す

施工における環境について

このお宅の場合は、家の設計段階から依頼があったので、工事の無駄がありませんでした。境界線も土の状態で、庭になる部分には何もない状態から工事を始めることができました。外構工事はフェンスなど、隣家との境界に接する構造物を設置します。隣家には、工事前に一声かけておいた方が良いでしょう。

施工前の状態

家部分の基礎が完成し、棟上げしたところ。足場が組んである状態。

玄関のドアまで仮設の通路としてベニヤを敷き、簡易的に砂利を敷いている。

外構部分の基礎工事で掘り上げられて出た土が、盛り土されている状態。

Making a garden 2
現場の採寸を行い、外構工事

step A 基礎づくり

・整地する

ブロック塀とフェンスを設置するため、荒整地をし、レーザーを使って塀の高さと位置を出します。それに従って土を掘り出して枠材を設置し、基礎砕石を敷いて転圧します。ブロック塀が高くなるほど、基礎の幅と厚みは増し、鉄筋を使うことでコンクリートの強度は数倍となります。基礎にコンクリートを流す前にワイヤーメッシュを入れ、ブロック塀の中を通す鉄筋を固定します。ブロック塀周辺の樹木は基礎の上に植えることになるため、水抜き穴を開け、生長した根が外に出るようにします。

1. 砕石を敷いて転圧する。転圧とは砕石を敷き、締め固めて沈みを防ぐ。 
2. 転圧を終えたところ。

・コンクリートを流す

鉄筋をブロックのピッチに合わせて設置したら、コンクリートを流します。この作業は時間との勝負。特に夏は硬化が早いため、流す前に基礎に水を打ち、手早く作業します。

コンクリートとモルタルの違いは、骨材の砂利の有無。砂2：砂利3：セメント1がコンクリート、砂3：セメント1がモルタルです。配合は目的によって異なりますが、コンクリートは土間や塀、花壇の枠、ステップの基礎など強度が必要な部分に、モルタルはレンガやブロックの目地などに使用します。

3. 砕石の上に金属メッシュを引き込む。この後、鉄筋を配置する（配筋）を行う。
1. コンクリートを一輪車で運び、ワイヤーメッシュの上から流し込む。
2. 隅々までコンクリートを流すため、コテなどで敷き詰めていく。 
3. コテをバチャバチャと打ち下ろして、飛び出した砂利を沈める。 
4. モルタルが浮いてくれば、表面を金コテで平らに均しやすくなる。 
5. 水抜き穴と袖壁の部分。袖壁とは、外部へ突出させる幅狭い壁のこと。 

step B ブロック塀と木製フェンスを建てる

・ブロック塀を建てる

中に鉄筋を入れるブロック塀は、ある程度高さが必要な場合に使用します。レンガは鉄筋が入らないため、地震が多い日本では高く積めませんが、ブロックなら9段まで積むことが可能。それよりも高い塀の場合は、RC構造にする必要があります。ブロック塀の最大の利点はコストが安いこと、境界に設置すると境界線が明確になることも挙げられます。ブロックのつなぎ目部分にモルタルを置き、ブロック塀を積んでいきます。3.4mに一カ所の控え壁を入れ、倒れない構造にします。

6. 6も同様で、平らに均し終えたら、コンクリートを乾かす。
1. コンクリートが乾いたら、水平を取りながらブロックを設置する。

2 モルタルをコテで置く、その上にブロックをのせ、繋げていく。

3 ブロック同士を繋ぐ、はみ出したモルタルを刷毛で表面を滑らかに。

4 1段分のブロックの設置が終了。次に、2段目のブロック設置へ。

5 2段目、3段目とブロック同士をモルタルで繋ぎながら、重ねる。

6 パーキングと中庭の境界の壁となる、ブロック積みが終了。

7 パーキングの土間のコンクリート作業も終了した状態。

・木製フェンスを建てる

　木製フェンスの利点は高さが出せ、コンクリート製品に比べコストが安いこと、好きな色で塗装できること。木材の隙間を変えることで、風通しがコントロールでき、ルーバーや鎧張りなど、張り方によって目隠しにも使えます。欠点は劣化することですが、近年、メンテナンスなしで20〜30年は持つといわれるハードウッドが輸入されています。高価ですので初期投資は高くなりますが、ランニングコストをかけたくない場合はおすすめ。加工性が悪いので、シンプルなデザイン向きとなっています。

1 フェンスの横幅に合わせて支柱を建て、モルタルで接合する。

2 支柱は柱金具を使用する。直接挿すと腐りやすくなったりするため。

3 フェンスの横板を、最上段からビス打ちしていく。

4 上から下まで横板が張られていった状態。他の部分も同様に行う。

5 板と板の間は、風通しと明るさを取り入れるために隙間を空ける。

step C パーキングスペースをつくる
・コテで表面を仕上げる

コンクリートの表面の仕上げには、金ゴテ仕上げと雪や雨でも滑りにくい刷毛引き仕上げがあります。ここでは細い溝を施した刷毛引き仕上げに。硬いシャープな雰囲気に仕上げたいときは、金ゴテ仕上げにします。

1 土間をつくる。型枠をとり、コンクリートを流し、刷毛引き仕上げ。

step D ブロック塀の左官仕上げ
・左官でシンプルな塀に仕上げる

ブロック塀は、左官、タイルや石張りなどで仕上げます。レンガを積めないところもレンガタイルを張れば、イングリッシュガーデンのような雰囲気が作れます。ここでは左官仕上げを選びました。左官仕上げはコストが比較的安く、見栄えも良いのが利点。左官の材料はいろいろありますが、日本で普及しているのは樹脂系の左官材。弾性があり、ひびが出にくい、汚れが付きにくいのが特徴です。笠石を載せたことで、シンプルな塀に表情を付けることができました。

1 ブロックを積んでつくった塀にモルタルを塗り、コテで滑らかに。
2 塀の両面に、1で行った左官仕上げを2回施す。 
3 左官仕上げが終わった状態。モルタルを乾かす。 
4 全面が乾いたら、塀の最上部に笠石をのせて接合する。 

step E 玄関とアプローチ
・モルタル目地で動線をつくり、ポーチに誘導する

アプローチには、ピンコロ石を埋め込みました。ピンコロ石とは、ベルギー、フランス、ドイツで石畳に使われていたアンティークストーンのこと。アプローチのように人の通りが多い場所は、ヒールなどが刺さらないよう目地を舗装し、道路から玄関の動線を明確にします。玄関ポーチの前には、目隠しも兼ねた高めの壁を建てるため、ブロックで枠を作成。この壁にポストやインターホンをつけ、その前には植栽スペースをつくります。仕上げはモルタルで強度を出し、雰囲気を出します。

5 壁面に白い左官材を塗り、さらに乾かして、ブロック塀の完成。
1 石にコンクリート目地で、玄関ドアまでの動線となる道をつくる。
2 アプローチ以外は、アンティークストーンの間隔をあけてランダムに。 
3 玄関ポーチをつくる作業。ポーチのブロック塀をつくっていく。 
4 ポーチ部分の基礎工事。ステップの型枠をとり、ブロックでつくる。 
5 コンクリートブロックを積んでつくられた、ポーチの塀とステップ部分。

6 ポスト、インターフォンが設置され、モルタル仕上げに。笠石も付いた。

7 床面になる部分にコンクリートが流され、ポーチの形態になる。

8 ステップの段には仕上げが施され、側面は左官仕上げ、金ゴテ仕上げ。

9 左官仕上げを終えるまで、汚れや傷の付着を防ぐため、マスカーで養生する。

step F ゲート、水場を作る

・庭のデザインに合わせたゲートと水場をつくる

　中庭から外に出るためのゲートを取り付けます。目隠しとなる生垣の位置に合わせ、柱を立てます。柱は先を斜めにカットして水切れを図っています。ゲートの材料はアイアンや木、アルミなどがありますが、ここはラフな雰囲気にするため木製に。

　水場の水栓はイペ材、蛇口は真鍮製です。流しは石畳と同じ石を敷き、バケツなどが置ける広さにしました。水場は庭のデザインによってスタイルを変え、手を洗う、物を洗う、水を蒔くなど、用途に合わせて広さや高さを変えるようにします。

10 左官仕上げが終わって白くなった状態。これでステップは完成。

11 見事な金ゴテ仕上げで、滑らかにきれいな表面のまま固まっている。

1 イペ材で枠をつくり、水道管を隠して立水栓をつくる。

2 玄関アプローチと同じ石を組んで、水を受ける流しをつくった。

3 イペ材に柱金具をつけて地面に差し、ゲートの柱にする。

4 柱を差したところに、コンクリートを流して固定する。

step G 中庭へのアプローチ

・コンクリート平板を配置

　ゲートとウッドデッキを繋ぐ、アプローチをつくります。パーキングの雰囲気に合わせ、シンプルなコンクリート平板を使いました。平板の配置は真っ直ぐでは面白味がないため、動きをつけて配置しています。

1 コンクリート平板を、均等にモルタルで設置していく。

2 コンクリート平板を、ゲートの間を通るように設置していく。

3 固い印象になるのを避けるために、蛇行させて、平板を設置した。

step H 収納小屋作り

・物置を作る

　中庭の植栽エリアを確保するために、物置はウッドデッキの上に設置します。ブルーグレーに塗装し、空間のポイントにしました。通常は土台が必要ですが、デッキ上のため土台はつくらず、スペーサーを入れてデッキに固定しました。屋根はレッドシダー材。蝶番（ヒンジ）はエイジング加工して錆びさせ、風合いをもたらします。物置自体はもっともシンプルな形。板を立て張りにするか横張りにするか、軒の勾配の付け方、棚の有無などによって印象が変わります。

1　防腐剤を塗布したレッドシダー材で、小屋の枠組みを組み立てる。

2　外壁をつくるために、3方に木材をビス打ちした後、屋根をつける。

3　ドアを入れる部分を残し、前面も木材を張っていく。

4　水性塗料で塗装。組み立ててから塗装したのは、色が未定だったため。

5　木製ドアにアイアン製のヒンジを付け、小屋に取り付け。棚を設置。

6　ドアのアイアン部分を錆びさせ、棚の塗装して、収納小屋が完成した。

Making a garden 3
植栽について

植栽選びは、デザインの時点からスタート

　庭づくりのすべての工程に費やす時間を10とすると、植栽作業はその1/10以下ですが、植物を植えた途端、構造物だけで寂しい空間が、生命力あふれる庭へと変わります。「こういう風に大きくなるといいな」と、思い描きながら植物を選び、植えていくのは、庭づくりの最後にして、いちばん楽しい作業といって良いでしょう。

　植物は庭のメインですので、庭のデザインの際に、必要な樹木の数、大きさを考え、選ぶ際はボリューム感、将来の樹形を予想する必要があります。とりあえず花壇を作り、好きな植物をその都度買って育てるのも楽しいですが、空間としては良くなっていきません。最初に骨格となるものを植え、その間に好きなものを植えたり、植え替えしたりした方が断然良い庭になります。すべての植物を植え終えたら、工事は終了です。しかし、植物はこれから大きくなっていきます。その変化を思い切り楽しみましょう。

植栽を考えるときの流れ

大きな樹木→小さな多年草の順で選ぶ

植栽は、スペースの大小に関わらず、高木、中木、低木、多年草の順で選ぶのが基本。この順で植栽すると、結果的に庭が良い空間として生長していきます。ここでは、植物の性質で5つのカテゴリーで紹介します。場所の条件によっては、ぴったりとあてはまらないこともありますが、目安として考えると、庭づくりがしやすくなります。つる性植物は、構造物と絡ませることが多いため、樹木と同じタイミングで選ぶようにしましょう。

①骨格とする樹木（メインツリー）を決める
その空間でもっとも大きくて目立つメインツリー、または庭のシンボルツリーとなる樹木。始めに植えたい場所を決めてから、そこに合う樹種を選ぶ。

②中程度の高さの樹木（ミドルツリー）を決める
①よりも小さめでサブとなる木。基準としては1.5m以上の高さ。メインツリーが常緑樹なら落葉樹にするなど、①の性質を踏まえた上で選ぶ。

③低木や高さのある多年草（フレーム）を選ぶ
②と④の間を繋ぐ役割。目安としては1.5m以下の植物。大きさが優先されるため、低木でも多年草でも構わない。

④その他の多年草の組み合わせ（グラウンドカバー）を決める
③よりも草丈の低い植物で、庭に彩りを添える。匍匐性植物は、地面を覆うように生長。地面を這わせることで、自然な雰囲気をつくる。

⑤つる性、匍匐性植物（クライミング）で自然さを出す
つる性植物はフェンスやパーゴラなどの構造物に絡ませる。樹木に比べて生長が比較的早く、庭をより自然なテイストに演出するため、必ず一種は使いたい。

③フレーム（低木）　③フレーム（多年草）　②ミドルツリー

①メインツリー

③フレーム（中木）

④グラウンドカバー（匍匐性植物）

メインツリーから匍匐性の多年草まで植え込んだ中庭。高低差を付けた植栽で奥行き感を出している。

step A 主要の樹木から植え込む

・目隠し、生け垣など

　ウッドデッキ手前に植えたハマキサカキは、デッキ下の隙間を隠すために、レイランディーは生垣に、アデクは隣家との間仕切りに使います。目隠しに使うこれらの樹木は、葉が触れる程度に間隔を開け、植えた直後に刈り込んで形を整えます。常緑樹は根を切っているため、刈り込んで負担を減らし、後の生育を促します。植えた後はたっぷり水を与えます。始めは根の下に水を与え、ドロドロになった土を根に回します。さらに株元に水をたっぷりかけ、根全体に水を行き渡らせます。

1. ウッドデッキ前にハマキサカキを、均等に並べ配置し、植え込む。
2. 株より大きな穴を掘り、樹形の向きに株を入れ、土を軽くかける。 
3. ウッドデッキ前の植栽が終了。デッキ下も気にならなくなった。 
4. ハマキサカキをすべて植え終えたら、株元にたっぷりと水を与える。 
5. 玄関脇の隣家との境界脇には、目隠しとしてアデクを植えた。 
6. 中庭とパーキングを隔て、間仕切りになるレイランディーを植栽。 
7. 全体を見ながら、不要な枝は切り落とし、形をきれいに整える。 
8. 中庭とパーキングが生垣で仕切られた。中庭から見た様子。 

・庭のシンボルツリーなど

　玄関脇には大きなガラス窓があり、家の中が見えてしまうのが気になるため、大きめな2本の常緑樹を植えて目隠しにしました。木には顔があるので、いちばん良く見える方向を正面にして植えるようにします。この家の場合は、階段を上がるときに見ることが多いので、家に対してハスに構えたような向きで植えています。中庭は、立地上、奥の中木から植え込みました。玄関前コーナーは、中木のアカシアをメインに。将来3mくらいに生長するとバランスが良さそうです。

・玄関周り

1. 玄関脇にヤマボウシを配置。大きな窓から中が見えないようにした。
2. ビブルナム・ティヌスを植栽。stepAのハマヒサカキと同様のやり方で植える。

・中庭

3 玄関ポーチの壁前に、ポイントとなるアカシア・ブルーブッシュを植栽。

4 中庭のメインスペース。まず、主木であるジューンベリーから植栽。

5 物置の高さとのバランスを考慮し、大きめのバイカウツギを植える。

6 ジューンベリーの左脇にハナズオウを植える。中庭から見た生垣。

・駐車場

7 中庭メインスペースのメインツリー、ミドルツリーを植え終えた。

8 中庭のジューンベリーと重ならないように、シマトネリコを植える。

9 パーキングのメインツリーを植えた植栽帯に、他の植物も植えて終了。

step B 芝生を張る

・中庭は全面に張り、アプローチには目地として使う

芝は敷地が広ければ広いほど管理しやすく、生育も良くなります。環境が合わずに枯れてくると雑草が生えて、管理が大変になります。絨毯のように美しくしようとは思わずに、気楽に育てる気持ちでいたほうが良いでしょう。芝は、匍匐茎で広がる宿根の日本芝と常緑の西洋芝があり、一般家庭では日本芝がおすすめ。中でも、高麗芝は手入れが比較的楽できれいに育つ品種です。植える適期は3〜6月頃と9月末〜10月まで。真冬は、霜が張ると活着しづらいのであまり向きません。

・中庭の芝生

1 構造物に当たる部分や花壇の縁は、植木鋏で切って形に合わせて張る。

2 つなぎ目が互い違いになるように配置して、芝を張っていく。

3 花壇との境目は、後で切り揃えるため、凹凸をつけたまま芝を張る。

4 芝を張り終わったら、芝と芝の隙間を埋めるように目土を入れる。

5 芝と芝、芝と構造物の隙間を、丁寧に目土で埋めていく。

6 張り終えた中庭。隙間に目土を入れないと、乾いて枯れるので注意。

- 駐車場の芝生

7	8	9	10
中庭と同様の張り方で、パーキングの土間の周囲にも芝を張る。	中庭からパーキングに通じる道、動線となる部分も芝を張った。	土間の周囲にきれいに芝が張られ、パーキングエリアの完成となった。	生垣脇、中庭に通じる道に芝が張られ、雰囲気が断然良くなった。

- 玄関アプローチの芝生

11	12	13
玄関アプローチ、ポーチ前のスペース全体に芝を張る。	敷石と隙間がないよう、パッチワークのようにしてきれいに張る。	芝を張り終え、玄関ポーチ全体を見たところ。今後、芝が育っていく。

step C 決めていた他の植物を植栽

- 玄関の苗の配置と植え込み

1	2	3
玄関ポーチ脇のヤマボウシの周囲にフレームとなる植物を植える。	グラウンドカバーの植物を植える。手前左はハマゴウ・プルプレア。	玄関ポーチ壁脇のアカシアを植えた植栽帯に、他の植物を配置。

4	5	6
植え込みが終了。今後、それぞれが生長すると雰囲気も変化する。	隣家との境界脇に植えたアデクの株元に、球根を植える。	幹を囲むようにして、多めの球根を植え込む。庭の楽しみが増えた。

- 彩りの多年草を植える

メインやミドルの樹木の植栽が終わったら、低木や多年草を植え込みます。建物の基礎が目立つ場合はボリュームのあるもので隠します。玄関前を常に良い状態にするため、ビルベリーを中心に丈夫な常緑樹を。

植栽した植物名

シマトネリコ／ビルベリー／アガパンサス／ローズマリー／ロータス・ブリムストーン／ミツバハマゴウ・プルプレア／アデク／ハマヒサカキ／ウエストリンギア／フォッサギラ・ブルーミスト／スイセン／ムスカリ／スズラン

・中庭の苗の配置

最初に、奥に植栽する予定の低木や高さがある多年草を配置する。

緑の幅を出すため、重ならないよう、互い違いにして苗を配置する。

・淘汰されることを考え、多めに植栽

　始めに、低木の中でメインになるものの場所を決め、次に多年草、つる性や匍匐性の植物の順で場所を決めます。淘汰されること、剪定することを想定し、かなりたくさんの植物を植えています。将来的には、2割程度淘汰されると考えた方が良いでしょう。その分残ったものが大きく生長するはずです。植物の枝や茎を切ると、枯れると思ってしまうかもしれませんが、切らないと蒸れて枯れてしまうので、思い切って剪定することも必要。予想以上に大きくなるものは株分けし、移動させても構いません。

メインスペースの右サイド。さらに低いサイズの多年草を配置する。

メインスペースの左サイドのコーナー部分も、9と同様に配置。

いちばん手前に、グラウンドカバーとなる植物を配置した。

植栽した植物名

バイカウツギ／セアノサス・ヴェルサイユ／ジューンベリー／ハナズオウ・シルバークラウド／ヤマボウシ・ホンコンエンシス／ビブルナム・ティヌス／ラベンダー・デンタータ／ディアネラ・ホワイトバリエガタ／パニカム／メラレウカ／ルエリア／リキュウバイ／ニシキシダ／アネモネ／ベロニカ／ハゴロモジャスミン／ツルハナナス／アジュガ／ギボウシ／ツルバキア／ブルンネラ／ゼノビア・プルベルレンタ／アジサイ・アナベル／バラ／プルモナリア／タイツリソウ／シラー／ルプス・カリシノイデス／シュッコンリナリア／ティアレラ／アスチルベ／クレマチス・モンタナ／トウテイラン／セダム／他

12

13 左側コーナー。ミドルツリーの株元に幹を囲むように球根を置く。

14 右側コーナー。冬に姿を消す宿根草の周囲に球根を多めに配置する。

15 苗の脇を取り囲むようにして、たくさんの球根を忍ばせる。

・中庭の植え込み

16 配置した植物を実際に植え込む作業。奥側の低木から植え始める。

17 奥の列から順に手前の列へと植え進める。小さな苗は移植ゴテで。

18 移植ゴテで穴を掘り、クリスマスローズの苗を植えるところ。

19 掘った穴に苗株を入れたら土をかけ、すべての苗を同様に行う。

20 球根は深さ10cmくらいに植える。土をかけ、芽吹くシーズンを待つ。

21 すべての植物の植え込みが終了。その後、たっぷり水を与える。

22 植え込みが終了した全体図。植物の生長が楽しみな中庭になった。

step D　バークチップを敷く

• 雑草の繁殖や保水、保温に効果あり

　バークチップは、ヒバ材の間伐材や、繊維状のチップなど。いくつか種類がありますが、主に使われるのは針葉樹の樹皮を粉砕したもの。植栽を終えたばかりの段階では、植物の間隔が広くて雑草が生えやすいため、バークチップを敷いて雑草を防止します。3〜4年経つと朽ちてきますが、植物も生長してくるので足す必要はありません。肥料分の効果はありませんが、保水効果と冬場の保温効果は期待できます。

23　植栽エリア全体にバークチップを敷く。植栽のすべての作業が終了。

24　植物の品種名を書いたプランツラベルで、よりナチュラルな印象に。

25　玄関ポーチ前の植栽帯にも、同様にバークチップを敷く。

26　バークチップの赤茶の色合いが植物を引き立て、庭全体を明るくする。

27　パーキング脇の植栽帯にもバークチップを敷いている。

Making a garden 4
備品などの設置をする

step A　木戸の取り付けと玄関に屋根を設置

• 装飾的な要素で空間を引き締める

　工事はいよいよ最終段階。生垣の間に設けた柱に木戸を取り付け、中庭を完全にプライベートスペースに。玄関ポーチにはロートアイアンのシェルターを取り付けます。建物がモダンな雰囲気だったため、曲線的な装飾を控えめにつけ、女性的な装飾をプラス。ロートアイアンは鉄に焼きを入れて、耐久性と風合いを増したもの。つや消しの黒が鉄の魅力を引き出しています。ゲートは将来的に別のものに変えたり、ペイントし直したりしても良いでしょう。

1　家の前から中庭に通じる、生垣の脇に建てた支柱に木戸を設置。

2　玄関ポーチの塀に、アイアンでつくられた部品を組み立て仮固定。

3　仮固定し、溶接して接合させる。ポイントにギボシが付いた。

4　溶接した部分の熱が引いたら、錆び止め塗料を塗布して乾かす。

5　溶接した部分に、錆び止め塗料を塗ったところ。

6　さらに、錆び止め塗料を塗った上に黒い塗料を塗布して設置終了。

Making a garden 5
庭づくり、玄関周り、パーキングの完成

○玄関&アプローチ

植栽の力で構造物を
やさしく演出する

玄関脇の大きな窓は、高さのあるヤマボウシで隠す。将来的には袖壁側の植物も大きくなり、ナチュラルな印象に。大壁で建物の高さが強調されてしまうので、樹木を沿わせて印象を和らげる。玄関右の木戸の奥は自転車置き場に。

○パーキング

モダン&アンティークの
ミックススタイル

パーキングは機能面を重視し、コンクリート仕上げに。シャープなコンクリートとアンティークストーンの組み合わせが新鮮。サイズ違いのコンクリート製の床は、硬いイメージを崩す効果がある。中庭をすべて生垣で覆うと、玄関とのつながりがなくなるため、L字型の白い壁は、この庭には欠かせない。

○中庭

今後が楽しみな賑やかな中庭
たくさんの植物を植えた、明るく楽しい雰囲気の中庭。デッキから続くアプローチは曲線を描き、動きを演出。コンクリートの平板は、駐車場のシャープなイメージに合わせた。

○庭の目隠しと木戸

生垣は剪定を繰り返し形を整える
レイランディーの剪定を終えた生垣。今後枝が伸びたら、季節に関わらずどんどん切って、形を整える。剪定をすると分岐して葉が密になる。生垣は一直線に並べずに段差をつけ、ゲートは隠し扉のように横向きに設置した。

ナチュラルモダンな庭との新しい暮らしがスタート

モダンな建物に、大きなヤマボウシが印象的なフロントガーデン、日当たり抜群な中庭。インテリアはモールディングや腰壁など、フレンチスタイルの要素があったため、そのニュアンスを庭に取り入れ、ナチュラルモダンな雰囲気に仕上げることにしました。笠石を載せた左官仕上げの塀、イギリスやフランスの石段風に仕上げた、玄関ポーチのステップなど、随所に入れた要素で、雰囲気づくりをしました。石畳で使ったアンティークストーンは、年月を重ねることで徐々に風化し、風合いが良くなっていきます。

中庭は子どもたちが十分遊べるスペースに。広々としたウッドデッキは施主の要望でつくられたものです。ある程度、植物のボリューム感を出したかったので、物置はデッキに置き、ゆったりとした植栽スペースを確保しました。生垣の脇は、日が遮られ芝が絶えるかもしれませんが、他のグランドカバーが大きくなって地面を覆ってくれるかもしれません。庭の施工は終了しましたが、庭の植物はこれから生長し、変化していきます。そして、庭との暮らしはここから始まります。

Making a garden 6
庭づくりに欠かせない、スタイルのある構造物カタログ

structure A
テラス

外から遮断されたプライベート空間

　テラスとは床が舗装され、人が集い、憩うことができる場所です。庭は植栽だけで成り立っているわけではありません。メンテナンスの手間を抑えるためにも、舗装されたスペースが必要です。

　テラスは動線を確保し、使いやすい場所にします。心地よく過ごせるよう、目隠しを施し、外から遮断することも大切です。舗装材料が木ならデッキ、石や砂利ならテラスになります。使用する舗装材料によって印象は変わりますので、庭の雰囲気や好みに合わせた材料を選ぶようにしましょう。タイルだとシャープに、石畳や砂利だとラフな雰囲気に。使う場所として位置づけるために、完成後はテーブルと椅子の設置をお忘れなく！

1. ラフ方形の平板石を組み合わせ、敷き込んだテラス。 2. アプローチを兼ね、石畳に施工した。 3. マンションの専用庭にウッドデッキを設置してテラスに。パーゴラを使用し、植物を立体的に見せる。 4. マンションのベランダに、樹脂系の素材で床をつくり、イペ材で製作した家具を設置した。 5. 砂利敷きの庭。6畳ほどのスペースをウッドフェンスで囲い、ツルハナナスを絡めてプライベートエリアに仕切る。

structure B
ウッドデッキ

1. 木製のパーゴラにライトを付ければ、夜でも活用できる。 2. フェンスとデッキの間に花壇をつくり、高さのある樹木を植えて立体的で自然に見えるようにして、段差を隠す。 3. 目隠しを兼ねた、高めの花壇をデッキ周りに配置し、くつろげる空間に。 4. ウッドフェンスを付けたデッキ。鉢や雑貨をハンギングして、楽しみの幅が広がる。 5. 庭の中に壁を設置し、ひとつの部屋として活用できるように。 6. ステップを付けたウッドデッキ。白い塗装で空間を明るくする効果が。

デッキは日本人の生活にぴったり

　室内で靴を脱ぐ習慣のある日本では、テラスに出るために靴を履く手間があります。ウッドデッキは日本の木造建築に合わせて床のレベルを上げ、リビングルームにつながっている場合が多いので、素足で出られます。部屋の延長という感覚で使えば、部屋から出る機会も増えます。

　単に、板を張っただけの空間では出ることもなくなってしまうので、テーブル、椅子、ベンチなどを置いて、使える空間にしましょう。10〜15年前までは、良い木材がなく、ウッドデッキは腐りやすいのでこりごり、と敬遠する人も多いのですが、今は耐久性の良いハードウッドも使用できます。メンテナンスは少なく、経年変化した状態も良く、おすすめです。

structure C
花壇

1. パーキング脇につくった花壇。左官仕上げの壁面でナチュラルモダンに。 2. 凹凸をつけて動きを出す、レイズドベッド。 3. 擁壁ブロックで高さをつけた花壇。 4. アンティークレンガの花壇を庭のポイントに。 5. マンションのベランダにハードウッドの木枠で設けた花壇。 6. ネメシアとバコパが茂った花壇。花壇は管理がしやすく、植物の生育も良くなることが多い。

植物の生育を促すレイズドベッド

　高い位置に花壇を設置すると、植物の管理がしやすくなり、水はけも良くなります。また、花壇の容量が増えることで、生長も促されます。特にタイムやラベンダーなど、湿気を嫌うハーブ類はレイズドベッド（床面を高くした花壇）向きです。広い面積の場合は、すべての花壇を高くするのではなく、高低差をつけるようにすると良いでしょう。また窓から見える位置に草花を置くため、目線の高さに花壇をつくることもあります。レンガなどを張って側面を見せれば、壁面のようにもなり、縁に下垂性の植物を植え込むと、とても見栄えがします。木枠、レンガ、ブロック、左官仕上げ、石張りなど、さまざまなスタイルでつくれます。

structure D
植栽帯、植栽ポケット

1. コンクリート地面を開口し、地植えスペースをつくる。 2. フェンスと砂利の間に植栽し、硬い印象を和らげる。 3. 壁脇の植栽帯。1年草のビオラ、ギガンジウムを植えている。 4. 通路の一角に幅1m四方の植栽ポケットをつくる。ジューンベリーの株元にスイセン、クリスマスローズを植えた。 5. パーキングの床の一部に幅10cmにも満たない地植え部分をプラティアで鮮やかに。 6. 広い庭の数カ所に、もともとあった石を再利用して植栽ますをつくった。 7. ウッドフェンスの柱の下、小さなスペースにひと株植えるだけでアクセントに。

寄せ植え感覚の植え込みスペース

植栽帯は構造物の下や建物の際などにつくる地植えスペースです。狭い庭で植栽をする場合は、このスタイルが多くなります。小さいスペースですので、寄せ植え感覚でつくることができ、コーナーで完成度が高められるのが利点。庭同様、メインツリー、ミドルツリー、多年草、匍匐性植物での構成もできますし、樹木とつる性植物だけのシンプルな構成で、管理が楽な植え込みも可能。花壇とは違い、元の地盤を使うため、栄養が足りない場合は肥料を補います。土が粘土質なら、砂や腐葉土を入れ、水はけを良くするための改善も必要。建物際の植栽帯の場合は土が悪い場合が多いため、ガラを取り除き、良い土を加えることもあります。

structure E
パーゴラ

庭を優雅に、立体的に見せる

　パーゴラの主な用途は、日除けと目隠し。植物を絡ませると、庭を立体的に見せることができます。細長い空間の場合は、アーチ状の通路として、くぐるスタイルになることもあります。材料はロートアイアンや木材など。ロートアイアンは重厚さの演出や、逆に華奢な印象にできますが高価です。また、素材感を出そうとするとシンプルなスタイルに限定されます。木材は比較的安価で、好きな色で塗装できます。木材のピッチや幅により、ボリュームや隠す度合いを調整でき、印象も変わります。

1. 庭中央の、オブジェ的なパーゴラ。 2. パーキングのゲートを兼ねた、アーチタイプのパーゴラ。 3. ロートアイアンでアール状に仕立てたパーゴラ。植物のボリュームを出す場合は、細いアイアン製のパーゴラが最適。 4. ウッドフェンスの柱を利用したパーゴラ。

structure F
立水栓・流し

デザイン幅が広く、庭のポイントに

　立水栓や流しは、用途や場所に合わせた形状やデザインにします。手洗いやガーデニング用品のメンテナンスが中心の場合は、排水が必要。ホースを使用する場合はホース用蛇口に、水やりが中心の場合は、水栓のみでも構いません。蛇口は真鍮製、メッキ、アンティーク調などがありますが、庭で使う場合は、経年変化が良いものを選ぶようにします。タイルや石など、素材によって雰囲気は変えられますので、機能を持ったディスプレイとして考えて良いでしょう。

1. ベンチと一体型の水栓と流し。フレンチテイストで石積み風。 2. ウッドフェンスに棚を設置した水栓。 3. 花壇の側面に設置した水栓で、デッキの一部にグレーチングを設けて水を流す。 4. 木製の立水栓。水受けはなく、バケツを置いてアクセントに。 5. 庭のコーナーに、キッチンのような流しを設けると、作業スペースとして使える。 6. ブロック塀の控え壁を兼ねてつくられた水栓。

structure G
収納アイテム

1. 壁にモルタル、ドアは古材、屋根にはレッドシダーを使用した、かわいい小屋。 2. ウッドデッキの上に設置した大型収納ベンチ。 3. メーターボックスを隠し、水栓を兼ねた収納ボックス。上部は飾り棚になっていて、鉢や雑貨を飾って楽しめる。 4. モルタル仕上げのモダンな流し。扉は木製。 5. 目隠しで設置した、よろい張りの小屋。

可愛く仕上げて庭のポイントにする

収納アイテムとしては物置やボックス、流しを兼ねたものなどがあります。たいがい物置は、表からは見えない裏庭などに置くものですが、かわいらしく仕上げれば庭のポイントとして、雰囲気を決定づけるような存在になります。物置小屋の仕上げは、木やモルタルを塗ったり、トタンと金属を組み合わせたり。狭いテラスやベランダで収納が必要な場合は、収納付きの箱形のベンチがおすすめです。

Making a garden 7
個性的に演出したい エクステリア・バリエーション

exterior A
フェンス・ラック

1. 庭レンガ壁とロートアイアンで、イギリス風に。 2. カントリー調の低めのフェンス。縦張りが牧歌的な印象。 3. イペ材でマンションのベランダに設置した棚はモダンテイスト。 4. マンションの壁一面に板張りし、たくさんの飾り棚と可動式のウッドラックを並べた。 5. よろい張りの箱型ウッドフェンスで人工的なものを隠す。

庭の背景やフォーカルポイントに

フェンスの主な役割は、目隠しと植物を這わすことです。鎧張りにして背面を塞げば塀として使えますし、棚板を設置すれば、その空間の背景にもなります。素材は木製以外に、スチール、アルミなどを用いて、シャープなイメージにすることもあります。ラックは、見せる収納をするためのものです。置き型や、壁に固定するタイプがあり、鉢や雑貨を飾ってフォーカルポイントとして使うことも。フックや金具を併用すると、より使いやすく可愛らしくなります。

exterior B
通路（アプローチ）、ステップ

経年変化する素材で風合いを出す

　小花がアプローチを囲むように咲く光景は、ナチュラルで魅力的です。通路やステップは使用する石材、目地の開き具合、並べ方によってイメージが変わります。フランスの田舎町の路地を思わせる風情を出すには、アンティークレンガ、石灰岩系の乱形石、砂利、石畳に使われていたピンコロ石などを使います。どれも経年変化が出る素材です。コンクリートも経年変化がありますが、硬いレンガ、磁器タイルは、風合いが出にくい素材です。

　玄関アプローチなどの動線は、可能であれば曲線にして、距離感や奥行き感を出します。さらにゲートやアーチをプラスすれば、絵になる風景がつくれます。

1. 庭の施工では、やはり人気の小径。アンティークレンガでヘリンボーンに配置し、芝目地に。シロツメクサが勢力的に殖えた。 2. 雑木林風の庭に、乱形石を組み合わせてつくった通路。 3. 玄関アプローチのため、家族が歩きやすいようにすっきりした印象に。ランダムに方形砂岩を置いて動きを出し、目地はモルタルで清潔感を出す。 4. 細長い通路に耐火レンガを石のように見せて。 5. モルタル左官仕上げした玄関ステップ。6. ベルギーレンガを使用した、バックヤードに抜ける通路。7. アンティークストーンに芝目地で印象的に仕上げた小径。雰囲気が良くて、まるでフランスのよう。 8. 建物の脇を通る道を厚み20cmほどもある花崗岩を並べてつくった。

exterior C
パーキング、サイクルポート

1. 枕木と花崗岩、砂利を使用。車を載せる部分は割れない材料で。 2. レンガをヘリンボーン仕様にして、芝を張った。車の出し入れが頻繁な場合は、全面に芝を張ると傷む。 3. 駐輪場を兼ね、モルタル左官仕上げの物置。 4. ウッドフェンスを活用し、屋根をつけてサイクルポートに。 5. 全面砂利敷きのパーキング。 6. ヘリンボーン仕様のレンガ敷き。馬踏み仕様で張るよりは雰囲気がアップする。

使いやすさを重視した配置を

　パーキングは、コストや機能性を考えるとコンクリート敷きが圧倒的に多くなりますが、庭の雰囲気に近づけるために、ラフな仕上げをすることもあります。芝を敷いて、芝に乗り上げるくらいが自然で良いのですが、次第に傷んで見栄えが悪くなってしまうので、轍部分に枕木や石を使います。

　自転車は、どこの家にも必ず1台はあるものです。駐輪スペースをどこに設けるかは、設計時に必ず考えることのひとつ。動線と使い勝手を考慮した場所に設けるようにしています。景観的につくり込んだ庭に、自転車が並んでいるのも格好の良いものではありませんし、使いにくい位置にしてしまうと、いずれ使わなくなってしまいます。

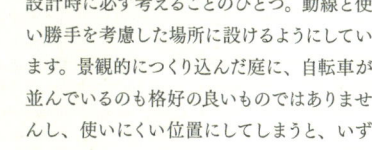

exterior D
ゲート、門柱

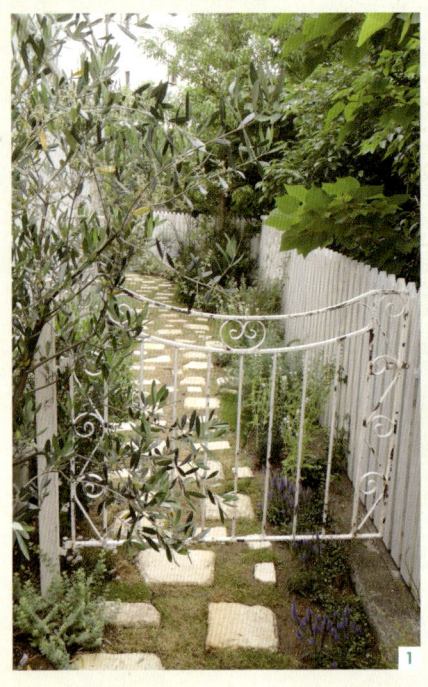

ゲートと門柱で外と中を区切る

　ゲートは入り口としての機能だけでなく、庭のポイントとなる構造物です。ゲートの素材はアイアン、木、鋳物など。木材のみだと反ってしまうため、使用頻度の高い門扉には鉄枠をつけて変形を防ぎます。門柱は、外と中の境界としての役割があり、サインやポストを設置します。門柱の脇にフェンスや緑があるとバランスが良いのですが、門柱だけだと、突出した印象になることが多いので、手前にグランドカバー植物を植えたり、植栽ますとセットにして設置すると良いでしょう。

1. イギリスのアンティークゲートを、小径の入口に設置。フェンスとカラーコーディネート。 2. 中庭に入るゲートと門壁を兼ねた。壁はモルタル左官仕上げ、アイアンのヒンジ（蝶番）で付けた木のドア。 3. 枕木を3本組んでつくった門柱。 4. アイアン製の門扉。

structure E
塀、壁

1. 隣地との境界に建てた、高さ2mほどの鉄骨づくりの塀。飾り窓を付け、フレンチスタイルで小粋に。 2. 一部を石積み風にして変化をつける。凹凸のテクスチャーが魅力。 3. 道路との境界で、セミオープンな印象づけのため、高さを抑えた塀。既存の塀を切断して小さくし、グレイッシュな石積み風にリノベーションした。 4. 1mのレンガ塀の上に木製フェンスを設置。レンガは外壁用塗料で白くした。

イメージを決定づける、庭の背景

　庭の印象は、背景である塀や壁の印象で大きく変わります。板塀だと軽く明るいイメージでナチュラルな雰囲気に。木製の場合、安価な材料を使用すると5年くらいで傷みが出始め、メンテナンスが必要になります。モルタル仕上げの壁は重厚感があって雰囲気を出しやすく、グレードがアップします。壁は初期投資はかかりますが劣化しないため、半永久的に使えます。日本は地震が多いため、ブロック壁の高さには制限があるので、高い壁をつくる場合は、RC構造にする必要があり、工事は大掛かりになります。

Making a garden 8
より楽しいガーデンライフのために取り入れたいアイテムや雑貨

・表札、プレート

1. 焼き付け塗装のアイアン製表札。 2. 施主手づくりのオブジェ風プレート。

・アイアンフェンス

・ガーデン雑貨

庭に個性をプラスする雑貨たち

　表札やプレートは、遊び心のあるものが魅力的。書体によっても雰囲気が変わり、暮らす人の個性が表れます。アイアンフェンスは、気軽に壁や空間を飾れる便利なアイテム。植物のつるを絡ませたり、壁に引っ掛けてみたり、仕切りにしてみたりと、飾り方はさまざま。アンティークから現行品まで手軽に手に入ります。バケツ、ジョウロなど、園芸作業で使う道具もディスプレイにしてみましょう。風合いがあればさらに素敵です。朽ちた鉄、石、木なども並べるだけで、立派なオブジェになります。ヨーロッパから輸入されたアンティークでなくても構いません。日本の古道具などを使ってみても、オリジナリティがあって素敵です。

1. 白いウッドフェンスにアンティークフェンスを立て掛け、シャビースタイルに。 2. シックな印象の塀にアイアンフェンスを立て掛けると、そこはもうヨーロッパの地。 3. アイアンフェンスに鉢をハンギングしたり、デコレーションして楽しみたい。 4. アイアンフェンスを立て、仕切りとして使用。壁では閉塞感が漂うが、フェンスなら明るくどんな場所にもマッチしやすい。

1. デッキの作業テーブル。何気なく置いたガーデンアイテムが絵になる。 2. タイルで舗装した庭に、ポイントでベンチや植木鉢を配置。樹木を植えた鉢は、ベルギーの洗濯工場で使われていた「ドリータブ」。 3. 我が家の玄関前のスペース。アンティークのプレートとコンクリート製のこがポイントに。 4. 庭の入口にオイルランタンを差した大鉢をディスプレイ。

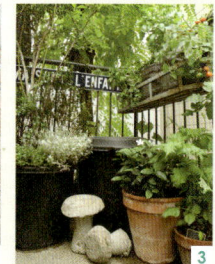

Making a garden 9
雑貨使いが面白い フランスの庭

・ガーデンオブジェが超個性的

味のある雑貨を庭に飾る

　フランス人は古い物を大切にします。どんなものでも古ければ価値があるという考え方です。ですから、使い道のないガラクタも捨てずにとっておくことも多く、それらを何気なく庭に置いているだけで、とても素敵に見えるから不思議です。それは、物のひとつひとつが造形的に美しく、それだけオブジェとして見られる場合もありますし、古くなり良い風合いが出ているからという場合もあります。庭の雰囲気が落ち着いた印象なので、さらに美しく見えるのかもしれません。

　私たち日本人も、おばあちゃんの家の蔵から出してきた火鉢や錆びた農機具などを使ってみたら、格好良くおしゃれな庭がつくれるのではないでしょうか。

1. 屋根に設置してあった雨除け用の煙突をガーデンオブジェに。 2. 木製のマリア像で庭をデコレーション。何気なく置いているだけだが、それが絶妙に良い。 3. サンルーム前に立てられた燭台。庭を楽しんでいる様子が窺える。 4. 石製のカエルのオブジェ。

・古い物をも取り入れる

1. たらいで水生植物や金魚を楽しむ。 2. アイアン製や木製の鳥かごをよく飾っている。 3. 工場で使われていた鉄製の靴型を庭のオブジェにしてしまう。 4. 養蜂箱。実際に使われているのだが、色のかわいさに脱帽。 5. 壊れた台車をそのままにジャンクな風景。 6. アイアンラックとガーデン作業台。植物のグリーンとシルバー、赤のカラーコントラストが魅力的。

第 7 章

より心地良くするために
最低限の庭と植物のケア

Simple cares for the making gardens and
plants in order to make more comfortable.

本来、植物にはその土地に馴染もうとする適応能力がありますが、人の手を加えてケアすると、植物はさらに生き生きと生長してくれるものです。日々のケアに必要なグッズから簡単な剪定方法、病害虫など、植物を元気に育てるためのテクニックとノウハウを集めました。

美しい庭を最低限のメンテナンスで
上手に庭との暮らしを育む秘訣とポイント

必要なメンテナンスを適切に行なえば、その応えは必ず現れるものです。
もちろん、生活の負担になるほど、庭の植物の面倒を見る必要はありません。
日々の生活のなかで最低限必要なメンテナンス法を紹介します。

これだけはやってほしい最低限のメンテナンス

植物の主なメンテナンスは、水やり、施肥、剪定の3つ。植栽後、草花は2週間、樹木は1か月間、定期的に水を与えます。夏は毎日、春秋は2〜3日置きにたっぷり与えると、2週間程で新しい根が出ます。その後はメリハリをつけ乾いたら与えて。樹木が多い場合は毎日でなくてもよく、草花なら葉がクタッとしたら与えましょう。

肥料はバランスのとれた有機性固形肥料を年に3〜4回、定期的に撒きましょう。人間の食事と同様、植物が一度に摂取できる栄養分は決まっています。少量多数回が原則ですが、肥料は雨で少しずつ溶け、効果が持続。次第に微生物が増えてミミズも増え、土が自然に良くなります。水遣りがジョウロでできる範囲なら液肥も混ぜると生育が格段に違ってきます。

「剪定はどこを切って良いのか分からないから難しい」という声を聞きます。スペースに対し明らかに伸び過ぎたり、動線を妨げたりしている場合は思い切って剪定しましょう。樹種に合わせた細かい切り方もありますが、ここでは簡単な方法を紹介します。

Garden maintenance 1
植栽した樹木のメンテナンス

簡単剪定①
花が終わったバラの枝の剪定

before

通常は花ガラを取る程度 病気の場合は強剪定を

花が終わって1ヶ月ほど経ったジェネラス・ガーデナー。本来、強剪定は、完全な休眠期になる1〜2月に行なうほうが良いのですが、黒点病が大量についてしまったので、切ることにしました。病気を放っておくと、他のバラにも移り、来年も病気になってしまいます。絡んだ枝や花柄を取る程度の弱めの剪定であれば、季節は問いません。

1 傷んだ枝をカットする

1. 枯れている枝、弱っている枝を切る。 2. 下の太い枝も枯れそうだったら切る。 3. 全体を見ながら、同様に枯れた枝を切る。

2 不要な枝を切っていく

1. 絡み合う枝を見極める。2. 絡んだ枝は枝分かれしているところで切り、一方の枝を残す。3. 枝が込んだところは、枝の2～3節を残して切る。4. 下の部分だけ剪定が終了した。

3 上の部分もカットする

1. 上部で不要な枝を切る。2. 屋根にぶつかっている枝も切り落とす。病気がひどかったらもっと短く切ってもかまわない。四季咲きなので、また秋に開花する。一季咲きのバラを早めに剪定しても、葉が出て来年の花芽が準備されていく。

4 剪定終了

剪定が終了したところ。枝の誘引は1月に行う。ナチュラルな雰囲気にするなら、特に誘引しなくても良い。

簡単剪定②
樹木の樹高をコントロールしたいときに行う剪定

before

芽は互い違いに出る。内側に向いた芽を残すと、枝が込み入るため、外側に向いた芽の上で切る。

先端部分の剪定が終わったところ。横の枝とのバランスでこの形に切った。

花芽の分化時期で樹木の切り時を見極める

樹木の場合、どこで切ってもかまわないものと、あまり切らない方が良い木があります。生長が早い木は、比較的どこで切ってもよいものが多く、マメ科、ヤナギ類がこれに当たります。

サルスベリ、ムクゲなど、夏以降に花が咲くものは、春から伸びて来た枝先に花芽がつくため、剪定は冬でも花の直後でもかまいません。春に咲く花は、前年の夏までに花芽が分化するため、花が咲いた直後に剪定します。

簡単剪定③
西洋アジサイの剪定を花が終わったら行う

before

大きな花が強い風に煽られ花首が折れてしまっている。

アジサイ'アナベル'の剪定

アジサイ・アナベルは春から上がってきた枝先に花芽がつくため、根元で切ってかまいません。剪定時期は花芽がつく春以降を避ければ、いつでもかまいません。ここでは株をもう少し大きく育てたいので、花首が折れているところを中心に剪定しました。来年も株を小さく維持したい場合は、冬に根元で剪定します。

1 花が付いている茎を切る

もう少しボリュームを出すため花下2～3節でカット。どこで切っても失敗がない

2 剪定終了

重そうな花がなくなりすっきりと。切った花はまとめてドライフラワーに。

簡単剪定④
カシワバアジサイの場合

分化した花芽を切らないようにして

　カシワバアジサイや一般的なアジサイは、花が終わる前に、咲いている花のすぐ下で花芽が分化します。分化した花芽を切ると、来年は花が咲かないため、剪定する場合は、花が咲いている時期に切る必要があります。カシワバアジサイは生長が緩やかなので、剪定は必要ありませんが、枯れた花が気になる場合は、花がらだけを切ります。一般的なアジサイの場合は、1株のうちの半分の枝は強めに剪定し、半分は切らずに残すと、今咲いている花も、来年の花も楽しめます。

既に花芽が育つのが見られる

花芽を残して、終わった花を切り落とす

花色がかわっていく面白さ

▲ アナベルは、花色が変化していく過程を観賞するのも楽しい。花の付き始めは緑、開花すると白になり、1ヶ月後には徐々に緑に変化。2ヶ月半後には、ドライになり花色は茶色に。

簡単剪定⑤
ローズマリーのメンテナンス

木質化したハーブは新芽の上で剪定

　ハーブ類のなかでも、多年草のメドーセージやレモンバーム、オレガノなどは根元から切ってもかまいませんが、木質化しているローズマリーやラベンダー、コモンセージは、必ず新芽が出ている先で切るようにします。

Garden maintenance 2
生き生きさせる芝生のメンテナンス術

植えたての芝は雑草に注意！

　植えたばかりの芝は雑草が出やすいので、生えてきたら早めに抜きます。半年もすると、芝生の根が活着して、雑草が生えにくくなります。芝は伸ばせば伸ばすほど、蒸れによって弱くなります。どんどん刈って風通しを良くすると、葉が密になり、丈夫にもなります。芝に窪んだ箇所ができて傷んできた場合は、冬に目土を蒔いておくと、来年目土の上から芽が出ます。高麗芝は冬になると葉が枯れますが、9〜10月に西洋芝を追い蒔きすると、冬も緑が楽しめます。ただこの方法では、元々の高麗芝が傷み、西洋芝も夏には絶えてしまいまうので、毎年の種蒔きが必要です。

Garden maintenance 3
多年草、宿根草、球根植物、多肉植物のメンテナンス

植物の生育パターンに合わせたメンテナンスを

　ギボウシやフウチソウなどの宿根草は、ボリュームが出たら切り、数年経って株が込んできたら、休眠期に株分けしても良いでしょう。花が終わった後は、花がらを取ると株の負担が減り、見た目もすっきりします。

　アガパンサス、クリスマスローズなど、常緑多年草の剪定は、春以降の暖かい時期に行います。シルバーリーフ系は、蒸れに弱いので、梅雨に入る時期に切って、蒸れを防ぎます。

　球根植物の場合、春咲き種は秋口に植えます。シラー、ハナニラ、スイセン、ムスカリは、花が終わった後も植えっぱなしにして、光合成を行なわせ、球根に栄養を与えておきます。ただしスイセンは、葉が伸びてだらしなくなるので上部を切って半分だけ残してもかまいません。スイセン、スノーフレークは1年経つと球根の数が2〜3倍に増えます。3〜4年毎に掘り上げ、分球して植え直しましょう。秋咲きのツルバキア、リコリスなどの春植え球根は植えっぱなしでもよく咲くのですが、ダリア、グラジオラスは、寒さに弱く、露地での冬越しが難しいので、冬前に堀上げる必要があります。

Garden maintenance 4
庭のメンテナンス・イヤーカレンダー

1　剪定のメンテナンス時期

常緑樹
伸びすぎていたら、6〜7月、10〜11月のどちらかに年1回剪定をします。

落葉樹
伸びすぎているものや春に咲く花ものは、次年の花芽く前の5〜6月に剪定を行う。落葉樹の剪定は、込み入った枝を12〜2月に剪定するのが基本。

バラ
伸びすぎ込み入った枝や花柄、黒点病が出ている葉などがある場合、7月に剪定を行います。
誘引する必要があるときは、12〜2月の枝が折れにくい時期に、込み入った枝を剪定するのと合わせて行います。

多年草
6〜7月、伸びすぎているものを切り戻す。特に、蒸れに弱いハーブ類やシルバーリーフ系は梅雨前に伸びすぎたものを切り戻し、風通しを良くします。10〜11月に伸びすぎているものを切り戻します。

生垣
6〜7月、11〜2月に刈り込みます。生垣や間仕切り用樹木は、最低でもどちらかの時期に年1回は必要であり、2回行えばきれいに保てます。

2　施肥のメンテナンス時期

2〜3月、5〜6月、9〜10月に緩効性肥料を年3〜4回に分けて行います。
一年草や野菜は、生長期に液肥を与えると効果的です。

有機肥料
緩効性肥料には化成肥料と有機肥料がありますが、土が良質になっていく有機肥料のほうがおすすめ。

自然農薬のペレット
ニームと同じ成分の除虫効果のあるペレット。土に蒔くと、徐々に根から成分を吸い上げます。

3　樹木や苗の植え付け

○3〜5月に、春から夏にかけての一年草、春植え球根を植えます。

○冬から春にかけての一年草は、11月頃に植え付けるのが適期です。早すぎると年を越す前に伸びすぎ、寒すぎると活着する前に傷んでしまいます。

○秋植え球根も10〜12月の時期に植えます。

Garden maintenance 5
害虫と病気を知って美しい庭を育てる

害虫①
樹木に付きやすい害虫たち

害虫が付きやすい樹木選びをしないことが、無理のない庭づくりの秘訣

どんな樹木でも虫はつくことはあります。しかし、頻度や害の質は樹種によってさまざまです。特に、衛生害虫（人に直接害を与える害虫）が付きやすい樹木は極力選ばないことが重要です。チャドクガという、刺されると酷い痒みを伴う毛虫が付く、ツバキ、サザンカ、シャラ類は、子供がいる家には絶対に勧められません。サクラやスモモには毛虫が、ガマズミ類にはアオムシが、また西洋カエデ類にはテッポウムシが付きやすく、そのたびに薬剤散布するようでは、楽しい庭づくりはできません。できるだけ付きにくい樹種を選びましょう。

樹木	害虫
バラ	◀◀ チュウレンジバチ

人は刺さないので見つけたら補殺

成虫は体長2cmほどで、腹部は橙色、背は黒色。ハバチの仲間で、茎に卵を産み付ける。4月以降秋口まで3〜4回発生する。幼虫は土に潜り繭で越冬するので見つけ次第補殺。

卵を産みつけ幼虫が出た痕

樹木	害虫
ジューンベリー トチノキ リキュウバイ	◀◀ イラガ

刺されるとビリッとした強い痛みを伴う

黄緑色の毛虫で葉の裏に付き食害する。幼虫のうちは群がるが生長すると広がる。5月以降1〜2回発生する。見つけ次第補殺。発生した年の冬季、幹に半球状の茶色の繭を発見したら掻き落とす。

イラガが繭から羽化した痕

樹木	害虫
ギンバイカ ローズマリー	◀◀ ハダニ

7月以降の高温乾燥時に発生しやすい

水に弱く定期的に葉の裏に水を掛けると、寄生数を減らせ防除になる。大量に発生しても枯れないが、衰弱して見苦しい。常緑樹に大発生した場合は、枝を切るか、専用の薬剤を用いる。

ハダニに食べられた葉

樹木	害虫
ゲッケイジュ バラ	◀◀ カイガラムシ

見つけ次第歯ブラシで擦り落とす。

吸汁されるため生育に悪影響を及ぼし、寄生数が多いと新梢や新葉の出方が悪くなり、枝枯れを起こす。排泄物の上にスス病が繁殖して葉が黒くなり、生育が悪くなる。発生頻度はそれほど多くない。

| オリーブ
イチジク
カエデ | ◁ | ゾウムシ
テッポウムシ |

幹の根元に木くずを発見したら注意

木くずや成虫を発見したら幹の根元付近を観察し5〜10mmの穴があれば、すぐに薬剤を注入し殺虫する。発見が遅れると導管が傷み、突然枯死する。発生する期間は、4月以降〜秋口まで。

ゾウムシ

テッポウムシの成虫（カミキリムシ）

| その他木本類 | ◁ | ネキリムシ |

樹木を枯らすコガネムシの幼虫

土の中に潜り、細い根を食害する。鉢植えで、突然地上部が枯れ始めたら、掘り上げて補殺するか、水バケツに鉢ごと入れ半日置き溺死させる。地植えでも同じ症状が出るが、補殺が難しいので酷い場合は薬剤を使用する。

害虫②
果樹に付きやすい害虫

果樹には虫が付きやすいことを忘れずに

　果樹を育てる場合はできれば薬剤は使用したくないものです。しかし、果樹と呼ばれる樹木は全般的に虫が好むので、理解したうえで育てましょう。柑橘類にはアゲハの幼虫が、ウメ、モモやプルーン等はアブラムシが必ずつきますが、果肉に被害を及ぼすものでなければ、寛容に。

| ブドウ
ブラックベリー | ◁ | コガネムシ |

見つけ次第補殺して

5月以降発生し、葉を食害し、土に潜って産卵する。年によって大発生することがあるが、人には危害を加えないので果樹の場合、補殺するのがよい。薬剤もあるが、枯死するほどの葉の食害は少ない。バラ、サクラ等にもつく。

害虫③
草花にも付く害虫

日頃の観察で被害を最小限に

　草花にも、必ずといって良いほど虫が付きます。ほとんどの害虫は孵化後すぐには広がらず、群れているので、初期に発見できれば被害は最小限に抑えることができます。草花の場合は樹木と違い、見える位置に虫が付くので、日頃から水遣りとともに観察していれば、対処できるのではないでしょうか。また、草花に付く虫はほとんど衛生害虫ではないので、薬剤は最後の手段として考えましょう。

| ウツギ／バラ
ムグゲ
ほか低木草花 | ◁ | アブラムシ |

肥料の窒素分が多いと出やすい

4〜6月、9〜11月に発生することが多い。少なければ手でつぶす、または茎ごと切除する。天敵のテントウムシが一匹でもいれば、数千頭のアブラムシが減るので大切に。

| 草花全般 | ◁ | ヨトウムシ |

ヨトウガの幼虫で成虫は灰褐色のガ

葉裏に茶色の卵塊を産みつけるので、発見したら葉ごと切る。成長すると土中で蛹（さなぎ）になり成虫に。朝夕に現れたときか、株の根元の浅い所を探し補殺。

病気①
樹木や草花がかかりやすい病気

不健康な状態では病気になりやすいので、剪定や適量の施肥で良好な健康状態をキープ。

植物の適地とかけ離れた環境で栽培すると、病気が発生しやすくなります。高温多湿になる6月以降から多く発生する病気は、剪定で風通しを良くすることや、葉水で改善されます。適度な施肥は栄養不足を補って耐病性も増しますが、窒素過多や完熟していない肥料は虫の発生の原因になります。ニームオイルや木酢などで予防し、発生してしまった場合は、早めの剪定や自然農薬を。薬剤は最後の手段で行いたいものです。

| バラ | ◁◁ 黒点病 |

土壌からの菌で感染
黒星病とも呼ぶ。バラはかなりの確率でかかる病気で、土壌からの菌の飛散で感染する。かかった場合はすべて切除し、土には落ち葉を残さないように。多少残っていても、翌年の花にはそれほど影響しません。

| ヤマボウシ ゲッケイジュ その他の木本類 | ◁◁ スス病 |

吸汁性害虫の発生に注意
アブラムシやカイガラムシの排せつ物に黒い菌が寄生しススを被った状態になるため、前段階の虫の発生を抑えることが肝心。高温乾燥期に多い。発生後は拭くだけでも落ちるが、切除も有効。

| ハナミズキ／カシ 他、多数の木本類 草花 | ◁◁ ウドンコ病 |

7月以降に発生が急増
高温乾燥期に多く、窒素過多や日照不足、風通しの悪いことが原因で発生。樹木が枯れることはないが、草花は影響が大きい。お酢を50倍以上に希釈して3〜4日に1回かけると効く。木酢、ニームオイルなどの事前散布は効果大。

その他の症状①
栄養不足によるもの

葉は植物の健康のバロメーター

　植物も人間と同じように栄養を必要とします。特に、バラや果樹は体力を消耗するので、肥料分がたくさん必要になります。葉色が薄くなったり、黄色くなったりした場合は、少量の肥料分を何回かに分けて施しましょう。

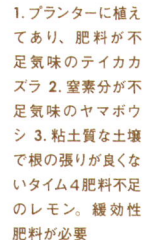

1. プランターに植えてあり、肥料が不足気味のテイカカズラ 2. 窒素分が不足気味のヤマボウシ 3. 粘土質な土壌で根の張りが良くないタイム 4. 肥料不足のレモン。緩効性肥料が必要

その他の症状②
ダメージを受けている状態

夏場の西日、冬場の寒風や霜が葉を傷める

　寒さに強い落葉樹は真夏の西日にはとても弱く、土壌の水分が不足していると葉焼けを起こします。逆に、非耐寒性の樹木は、寒風や霜で葉にダメージを受けて傷みます。その後、自ら落葉して環境に適応し、休眠する場合もあります。

1. 夏場の日差しにより葉が傷んだライラック。
2. こうなった場合は葉をすべて取ると良い。
3. 水が上がっていないつる。

Garden maintenance 6
美しい庭をつくる手助けとなる道具たち

メンテアイテム①
持っていると便利な園芸道具

必要最低限の道具で、庭と植物を維持する

　庭のメンテナンスに必要な園芸道具は、それほど多くはありません。剪定バサミや園芸バサミは、剪定や花がら摘みなどに。噴霧器や霧吹きは木酢液の噴霧に、シュロ縄や麻ひもは支柱の固定や誘引に。始めはここで紹介した最低限の道具を使い、必要に応じて増やしていきましょう。

1 噴霧器
4月上～中旬にイモムシ類が出てくるので、1週間に1度自然農薬やニームオイル、木酢液、除虫菊スプレーなどを予防的に噴霧。

2 霧吹き
噴霧器と使用目的は同じ。噴霧器は高い位置や大きな木などに、霧吹きは草花に。アブラムシ退治に牛乳、石鹸水を吹きかけて。

3 シュロ縄
樹木の支柱や、剪定した枝を束ねたり移動させたりするのに使う。耐久性があるため、樹木に使用するのがメイン。

4 麻ひも
草花の誘引に。ビニール帯も使われるが、麻ひもは風合いがあり茎に食い込まない。耐久性はあまりなく、時間が経つと切れやすい。

5 グローブ
刺のあるバラの枝の剪定などに。細かい作業にはフィットするタイプが良い。表面がゴムで、甲が布製だと通気性が良く使いやすい。

6 剪定バサミ
片刃タイプは2cmくらいまで枝が切れる。花がら摘みや細い枝や茎を切る場合は、園芸バサミが向く。2本で使い分けると良い。

7 ノコギリ
剪定バサミで切れないような太い枝は、ノコギリで切る。支柱の竹などを切ることもあるため、1本は持っていてもよい。

8 ほうき、ちりとり
種類によって使用目的があり、竹ぼうきは砂利の上の落ち葉を、細かいものはシュロを。芝刈りの後を掃くにはクマデが便利。

メンテアイテム②
木材の防腐対策や水性塗料を塗り替えるときに

パーゴラ、ゲート、フェンスなどの手入れに

木製構造物のメンテナンスに使う道具。日本は雨が多く湿度も高いので、デッキ天板、フェンスの笠木、柱の根元付近を定期的に塗装し直すと、持ちが良くなります。防腐剤は2～3年に1度塗るのが理想的。塗装仕上げの場合は朽ちた雰囲気も良いですが、耐久性を重視するなら2～3年に1度塗り替えます。

1 ローラーバケット
塗料を入れる箱型容器。中に網が張ってあり、余分な塗料をハケやコテバケについた余分な塗料を切る。コテバケとセットで使用。

2 防腐剤
防腐剤には油性と水性があるが、染み込みが良いのは油性。色の種類は多数あり、混ぜても良い。写真は油性防腐剤。

3 ハケ洗い液
油性塗料を使用した後、ハケを洗うのに使う。これで洗った後、油性のハケを水で洗っておくと、ハケが固くなりにくい。

4 サゲカン
持ち運びしやすく、細かい部分に塗料を塗るときに使用する。専用のカップカートリッジを入れて使うと、塗料を小分けにできて便利。

5 マスキングテープ
塗装用以外にもたくさんあり、写真の黄色テープは紙製で塗装用。緑色テープはポリエチレン製の養生テープで、仮止め等に使う。

6 マスカー
テープの片側に畳んだビニールがついていて、広げると幅の広い範囲を養生できる。写真は幅1mだが、ほかにも種類は豊富。

7 スジカイバケ（油性用、水性用）
細かい部分が塗りやすく、ハケの主流になっている。水性、油性、万能とあり、フェンスやデッキには大、小1本ずつあれば十分。

8 平バケ
幅が広い所を塗るためのものだが、コテバケやローラーが増え、使われなくなってきている。塗装前の清掃やエイジングに使用。

9 コテバケ
ステインを塗るのには一番適している。ステインは塗布後、布で余分な塗料を拭き取る必要があるのだが、コテバケは不要。

メンテアイテム③
ウッドデッキや備品などの ちょっとした補修に

簡単な補修は自分の手でやってみよう！

物置やウッドデッキ、ガーデンファニチャーなどのちょっとした補修や、棚にフックや飾り棚をつけたいとき、小物で演出したいときなどに。デッキは木材を材料にしているため、経年変化で割れたり、ささくれが出たら、ペーパーで削って滑らかにします。木戸のゆがみが出たら、留め具を付け直しましょう。

1 ビス類
ビスはつる性植物用の誘引資材の取り付け、棚やフックなどの取り付けるのに必要。外部ではステンレスビスを使用する。

2 電動ドライバー
ビスを取り付けるのに使用する。締付以外にも刃を変えれば穴あけに使え、簡単な木製品の補修にも使えるので、持っていると便利。

3 サンドペーパー
デッキやフェンス等、木製品のバリやささくれを補修するのに使う。番号があり数字が低い程、目が粗くなる。（#60～#400）

4 サンダー
広い部分のヤスリがけに使う。塗装前の古い塗料の剥がしや下地作りにも使用する。コーナー部分はサンドペーパーで。

松田行弘
yukihiro matsuda

東京都出身。学生時代より植物に興味を持ち、造園会社勤務を経て2002年に独立し、庭のプランニングと施工を行う。自由が丘に庭のデザインとアンティーク家具や雑貨を扱う『BROCANTE（ブロカント）』を開き、現在に至る。日本国内に、「ブロカント」という言葉を浸透させる発端となったショップとして人気が高い。

『BROCANTE』http://brocante-jp.biz/

装幀・本文デザイン	石田百合絵　南 彩乃（ME&MIRACO）
撮　影	松田行弘（フランス写真、構造物写真ほか）、平沢千秋
取材・文	平沢千秋、麻宮夏海
翻　訳	本木貴子
編　集	篠谷晴美
撮影協力	庭を施工したお宅のみなさん

special thanks　（有）GOUTA
　　　　　　　　HUTS（荒川豊）
　　　　　　　　sabiconia（東原繁雄）
　　　　　　　　fischio（矢本健二）
　　　　　　　　GARDEN-BLOOD（中井猛史）
　　　　　　　　タマテ組
　　　　　　　　『BROCANTE』スタッフのみんな

BROCANTE
〒152-0035　東京都目黒区自由が丘3-7-7
tel & fax. 03-3725-5584

BHS around
〒224-0033　神奈川県横浜市都筑区茅ヶ崎東5-6-14
tel & fax. 045-941-0029

庭と暮らせば
BROCANTE スタイルの庭づくり

2012年 9月25日　初版第1刷発行
2022年 6月25日　初版第13刷発行

著　者　　松田行弘
発行人　　長瀬聡
発行所　　株式会社グラフィック社
　　　　　〒102-0073　東京都千代田区九段北1丁目14番17号
　　　　　郵便振替　00130-6-114345
　　　　　http://www.graphicsha.co.jp

印刷・製本　図書印刷株式会社

【この本のお問い合わせ先】
編集代表　tel.03-3263-4579
業務代表　tel.03-3263-4318

乱丁・落丁本は購入書店を明記の上、小社業務部までお送りください。
送料小社負担にてお取り替えいたします。

本書のコピー、スキャン、デジタル化等の無断複製は著作権法上の例外を除き、禁じられています。
本書を代行業者等の第三者に依頼してスキャンやデジタル化することは、
たとえ個人や家庭内での利用であっても著作権法上認められておりません。

定価はカバーに表示してあります。

©Yukihiro Matsuda
Printed in Japan
ISBN978-4-7661-2400-2 C2077